예수님의 중보기도

워렌 W. 위어스비 지음 | 조은주 옮김

예수님의 중보기도 The Intercessory prayer of Jesus

초판 발행	1998년 4월
저자	워렌 W. 위어스비
번역자	조은주
발행처	은성출판사
등록	1974년 12월 9일 제9-66호
주소	서울시 강동구 성내동 538-9
전화	070) 8274-4404
팩스	02) 477-4405
홈페이지	http://www.eunsungpub.co.kr
전자우편	esp4404@hotmail.com

출판 및 판매에 관한 모든 권한은 본 출판사가 소유하고 있습니다. 출판사의 사전 서면 허락없이 상업적인 목적으로 번역, 재제작, 인용, 촬영, 녹음 등을 할 수 없음을 알려드립니다.

Printed in Korea

ISBN: 89-7236-360-6 33230

Originally published in English under the title: The Intercessory Prayer of Jesus by Warren W. Wiersbe in 1997. All rights to this book, not specifically assigned here in, are reserved by the copyright owner. All non-English rights are contracted exclusively through Baker Book House, Post Office Box 6287, Grand Rapids, MI 49516-6287, U. S. A.

The intercessory prayer of Jesus

by Warren W. Wiersbe
translated by Jo Eun Ju

CONTENTS

서문　5

제 1장　어떤 기도보다 더 위대한 기도　7
제 2장　기초 훈련　31
제 3장　놀라운 세 가지 선물　49
제 4장　"창세 전"에 무슨 일이 있었는가?　67
제 5장　제자도　89
제 6장　구원의 안전함　109
제 7장　태어나지 말았어야 할 사람　127
제 8장　이 세상에서의 삶　151
제 9장　성도는 특별하다　175
제10장　크리스천—연합인가 분열인가?　195
제11장　세상과 교회와 성부　215
제12장　우선 순위　235

서문

이제 교회가 우선순위를 제대로 정립해야 할 때가 왔다. 그리고 이러한 일을 하는 가장 좋은 방법 중 하나는 예수 그리스도에게는 무엇이 중요한 일이었던가를 발견하는 것이다. 요한복음 17장에 나타난 우리 주님의 제사장으로서의 기도는 우리에게 주님은 어떤 것들을 중요하게 여기셨으며 또 여기고 계신가를 보여 준다.

이 책은 요한복음 17장의 상세한 해설서가 아니다. 그보다는 이 심오한 기도의 주요한 주제들에 대한 실용적인 탐구이다. 이 책의 많은 부분은 BBB(Back to the Bible Broadcast) 방송국에서 1982년 2월과 3월에 라디오 연재물로 방송되었던 내용이다. 그러나 나는 연재물 전체를 수정하여 다시 썼다. 방송을 통해서는 전달하기 어려운 내용들도 책에 담는 것은 가능하기 때문이다. 이 책이 하나님의 도구가 되어 교회가 제자리를 찾는 일에 유용하게 쓰이기를 기도 드린다. 교회가 제자리를 찾는 일은 우리에게 대가를 요구한다. 그러나 우리가 만일 계속해서 제자리를 찾지 못하고 표류한다면 미래에는 더 큰 대가를 치러야 할 것이다. 그 대가가 어떤 것이든 우리 각자는 자신의 몫을 담당하여야 한다.

워렌 위어스비

어떤 기도보다 더 위대한 기도

"어떤 형제들은 긴 기도를 드립니다. 그러나 진정한 기도는 길이가 아니라 무게에 의해서 측정됩니다."

영국 침례교 목사였던 찰스 스펄전의 말이다. 그리고 이는 전적으로 옳은 말이다. 그 어떤 기도보다도 더 위대한 기도가 요한복음 17장에 기록되어 있다. 이 기도를 엄숙하고 큰 목소리로 읽는 데는 약 6분 정도가 걸릴 뿐이다. 길이는 길지 않지만 이 기도에는 분명 놀라운 깊이와 무게가 있다. 허버트 록키어 박사에 의하면 성경에는 650편의 기도들이 기록되어 있다고 한다. 그러나 그 어떤 기도도 요한복음 17장에 기록된 우리 주님의 "제사장으로서의 기도"에 비견될 수 없다. 성경이 아닌 다른 곳에 기록된 그 어떤 기도도 마찬가지이다. 무엇 때문에 이 기도가 그토록 위대하단 말인가? 나는 네 가지 이유를 들고 싶다.

1. 이 기도를 드린 분 때문에 이 기도는 위대하다

그분은 다른 사람이 아닌 하나님의 아들 예수 그리스도이시다. 하나님의 아들이실 뿐만 아니라 성자 하나님, 즉 육신을 입으셨으나 죄가 없으신 몸으로 인간이 되어 이 땅에 오신 영존하시는 하나님이시다.

네 권의 복음서는 각각 특별한 강조점을 가지고 있다. 마태복음은 왕이신 그리스도, 구약에서 약속된 메시아를 강조한다. 마가복음은 종(servant)의 복음서이며, 누가복음은 동정심이 많은 사람의 아들을 그리고 있다. 반면 요한의 저술 목적은 예수 그리스도의 신성을 드러내는 것이었다.

"예수께서 제자들 앞에서 이 책에 기록되지 아니한 다른 표적도 많이 행하셨으나 오직 이것을 기록함은 너희로 예수께서 하나님의 아들 그리스도이심을 믿게 하려 함이요 또 너희로 믿고 그 이름을 힘입어 생명을 얻게 하려 함이니라"(요 20:30-31).

위의 말씀은 요한이 그의 복음서에 17장의 기도를 포함시킨 이유를 설명해 준다. 예수 그리스도는 영존하시는 하나님이시라는 경외로운 사실을 부각시키기 위해서이다. 요한복음 17장의 거의 모든 구절은 이 위대한 사실을 나타내고 있다.

오직 성자 하나님만이 성부께 자신을 영화롭게 해주시기를 청할 수 있었다(1절). 모세는 하나님의 영광 보기를 청하였다(출 33:18). 예수는 하나님의 영광을 받기를 청하셨다. 그리고 그 영광을 창세 전에 그가 아버지와 함께 가졌던 영광과 동일시하셨다(5절). 마음이 불안정한 사람이거나 아니면 영존하시는 하나님만이 창세 전에 존재했던 영광이나 그 어떤 것을 요구할 수 있을 것이다. 그뿐 아니라 단지 하나님만이 죄인들에게 영원한 생명을 주실 수 있다(2절). 그리고 3절에서 예수는 자신을 하나님과 같은 반열 위에 두셨다. 죄인은 그가 믿음에 의해 "유일하신 참 하나님과 예수 그리스도"를 알게 될 때 영원한 생명을 얻게 된다. 다른 누군가의 이름을 여기에 두고 말이 되는지를 살펴보라. 이 간단한 문구에서 예수는 하나님이심을 선언하셨다. 이 기도에서 예수는 성부 하나님께서 그를 보내셨음을 네 번 언급하셨다(3, 18, 21, 25절). 물론 사도나

선지자도 하나님에 의해 보내심을 받았다는 주장을 할 수 있다. 그러나 어떤 인간 존재도 자신이 하나님으로부터 나왔다고는 주장할 수 없을 것이다(8절, 요 16:28). 성도들은 "나의 모든 것이 당신 것입니다"라는 기도를 드릴 수 있다. 그러나 오직 하나님의 아들만이 당신 것은 내 것이라는 말을 덧붙일 수 있을 것이다(10절). 예수는 성부께서 가지신 모든 것을 소유한다고 주장하셨다. 그는 또한 아버지와 하나라는 주장을 하셨다(11, 12절).

예수께서 기도하신 바로 그 방식이야말로 그가 하나님이시라는 것을 밝혀 준다. 그는 "우리 아버지"라는 말로 시작하지 않으시고 단지 "아버지"라는 말로 기도를 시작하셨다. 예수는 "우리 아버지"라는 기도를 하신 적이 없다. 예수는 첫 부활절 아침 막달라 마리아에게 다음과 같이 말씀하셨다. "너는 내 형제들에게 가서 이르되 내가 내 아버지 곧 너희 아버지 내 하나님 곧 너희 하나님께로 올라간다 하라"(요 20:17).

하나님은 은총에 의해 우리의 아버지이시다. 그러나 그분은 원래 예수님의 아버지이시다. 예수께서 9, 15, 20절에서 "기도하다"라는 뜻을 가지고 쓰신 단어 "비옵나니"는 신약성경에서 일반적으로 쓰인 "기도하다"라는 단어와는 다른 의미를 가진다. 예수께서 쓰신 단어는 "동등한 상태로부터의 부탁"이라는 뜻을 가진다. 여러분과 나는 이 단어를 쓸 수 없다. 우리는 하나님과 동등하지 않기 때문이다. 그러나 예수는 그 단어를 세 번 사용하셨다. 왜 그럴까? 그는 영존하시는 하나님이시기 때문이다.

 24절에서 예수는 "원하옵나이다"라며 대담하게 말씀하셨다. 이것은 간청이 아니다. 명령인 것이다. 신자들은 오늘날 이런 종류의 권위를 가지고 기도할 수 없다. 그러한 기도는 믿음이 아닐 것이다. 주제넘기 짝이 없는 일이다. 그러나 성자 하나님은 성부 하나님께 그와 같이 말씀하실 수 있다. 그들은 동등하시기 때문이다. 예수는 하나님이신 것이다. 이 기도에는 우리 주님의 신성을 나타내는 다른 증거들이 있지만 계속 24절을 살펴보기로 하자. "아버지께서 창세 전부터 나를 사랑하시므로"라는 구절이 있다. 하나님께서 그의 백성들을 "무궁한 사랑으로"(렘 31:3) 사랑하시는 것은 사실이지만, 그의 사랑을 표현하시는 것은 그의 백성들이 이 땅에 존재하고 나서부터이다. 그러나 성부께서는 성자를 창세 전부터 사랑하셨다. 창세 전부터의 영광과 창세 전부터의 사랑이 24절에 함께 나타나 있다. 누군가 다른 사람이 이런 식으로 기도를 드리고 또 이런 주장을 한다면, 우리는 그를 정서적으로 불안정하거나 미친 사람으로 여길 것이다. 오직 예수 그리스도, 하나님의 아들만이 이런 기도를 드리실 수 있었다. 그러나 예수 그리스도가 하나님이시라는 이 위대한 진리는 우리를 작은 문제에 부딪히게 한다. 하나님께서 왜 기도하시는가? 복음서의 기록들은 예수 그리스도를 기도의 사람으로 제시한다. 나는 예수께서 기도하셨다는 기록을 적어도 열 아홉 군데에서 찾아볼 수 있었다. 이것은 모순이 아닌가? 아니다. 예수께서는 이 땅에서 사역하시는 동안 모든 일을 성부에 대한 전적인 의존 하에서 행하셨기 때문이다. 예수께서는 "살아 계신 아버지께서 나를 보내시매 내가 아버지로 인하여 사는 것같이"(요 6:57)라고 말씀하셨다. 그의 역사와 그의 말은 성부로부터 온 것이었다(요 5:36, 14:24). 날마다 예수는 아버지께 의존하셨다. 사탄은 예수께서 신적인 능력을 자신을 위하여 사용하도록 유혹하였으나 예수는 그것을 물리치셨다(마 4:1-11). 다른 말로 하면, 주께서는 이 땅에서의 삶과 사역 기간 내내 믿음에 의해 살며 기도에 의지하셨던 것이다. 만일 예수께서 모든 능력과 완전함을 가지시고도 기도에 의지하셔야 했다면, 불완전함과 연약함투성이인 우리는 얼마나 더 기도에 의지해야 하겠는가?

프랑스의 수필가 몽테뉴는 다음과 같은 말을 하였다. "자신이 전능하신 하나님께 드린 기도를 세상에 거리낌 없이 밝힐 수 있는 사람은 거의 없을 것이다." 그러나 예수께서는 당신의 기도를 우리에게 밝혀 주셨다. 그리고 우리는 이 일로 인해 하나님께 감사를 드린다.

2. 이 기도를 요구한 상황 때문에 이 기도는 위대하다

"그것은 한 인간에게는 작은 발걸음이지만, 인류에게는 거대한 도약이다." 만일 닐 암스트롱이 이웃집 아이들과 돌차기 놀이를 하면서 이 말을 했다면 아무도 그에게 주의를 기울이지 않았을 것이다. 그러나 그는 달 위를 걸은 최초의 인간으로서 자신의 우주선으로부터 내려오면서 이 말을 하였다. 그 상황이 그의 말에 무게를 실어 주었다.

우리 주님은 어떤 상황에 놓여 있었으며, 그것은 이 기도와 어떤 연관이 있는가?

우선 예수는 그의 제자들에 대한 교육을 막 끝내신 상태였다(요 13-16장). 이제 그는 제자들을 위해 기도하셨다. 기도와 하나님의 말씀은 함께 가기 때문이다. 만일 우리가 성경만을 가지고 기도하지 않는다면 엄청난 양의 진리는 소유할 수 있으되 아무 능력도 소유하지 못할 수 있다. 그것은 마치 "열이 없는 빛과도 같다." 반면에 우리가 기도만 하고 성경을 배우지 않는다면 광신자가 될 위험에 빠지게 된다. 빛이 없는 열이 되는 것이다. 열심은 좋은 것이다. 그러나 지식이 없는 열심은 대개의 경우 파괴적이다.

성경공부와 기도 사이의 적절한 균형은 균형된 크리스천의 삶을 위한 중요한 요소이다. 하나님의 선지자 사무엘은 다음과 같이 말하였다: "나는 너희를 위하여 기도하기를 쉬는 죄를 여호와 앞에 결단코 범치 아니하고 선하고 의로운 도로 너희를 가르칠 것인즉"(삼상 12:23). 기도와 하나님의 말씀 간의 균형에 주목하라.

"지금 내가 너희를 주와 및 그 은혜의 말씀께 부탁하노니 그 말씀이 너희를 능히 든든히 세우사"(행 20:32). 바울은 영적 균형의 중요성을 알고 있었다. 그리고 다른 사도들도 마찬가지였다. "우리는 기도하는 것과 말씀 전하는 것을 전무하리라 하니"(행 6:4).

하나님의 말씀이 우리의 삶에 실현되는 유일한 방법은 기도와 순종을 통해서이다. 교회에 균형되지 못한 크리스천들이 있는 한 가지 이유는 말씀 공부를 뒷받침해 주는 기도가 부족하기 때문이다. 크리스천들을 기도 모임에 참석시키는 것보다는 성경공부 모임에 참석시키는 것이 훨씬 쉽다. 두 가지 모두 우리에게 필요한 것이 사실인데도 불구하고 그렇다. 예수는 그의 제자들을 가르치셨고, 그러고 나서 그들을 위해 기도하셨다. 그러나 이 기도는 제자들만을 위한 것이 아니었다. 그것은 또한 예수 그리스도를 위한 것이었다. 그가 십자가를 앞에 두고 계셨다는 것을 기억하라. 주님은 그의 사역을 시작하시고 세례를 받으셨을 때, 아버지께 기도를 드리셨다(눅 3:21). 전 사역을 통하여 그는 아버지께 기도하셨다(눅 3:21). 그리고 전 사역을 통하여 기도에 의지하셨다. 그는 기도하기 위해 이른 아침에 일어나셨고(막 1:35), 밤을 새워 기도하기도 하셨다(눅 6:12). 그는 변화산 위에서 기도하셨다(눅 9:28). 이제 그는 갈보리의 고난을 눈앞에 두고 기도하고 계신 것이다.

요한복음 17장의 처음 다섯 절에서 예수가 자신을 위해 기도하였다는 사실은 그가 이기적인 기도를 드렸음을 의미하지 않는다. 그 차이는 다음과 같다. 만일 예수께서 아버지께 자신을 영화롭게 하고 또 자신을 다시 천국에 받아 주시기를 기도하지 않았다면 당신과 나는 오늘날 구원을 받지 못하였을 것이다. 자신을 위한 기도 속에서 그는 우리를 위하여 기도하고 계셨다.

구세주가 자신의 아버지와 교통한다는 것이 그에게 어떤 의미였을지 생각해 보라. 그가 이제 곧 마시게 될 잔이 아버지로부터 오게 될 것이다(요 18:11). 조롱과 고통, 심지어 죽음과 하나님으로부터의 일시적인 분리가 있을 것이다. 그러나 예수는 두려워하지 않으셨다. 이 목적을 위하여 그는 세상에 오셨고, 아버지께서는 영광스러운 승리에 이르도록 그를 도우실 것이었다.

이 기도의 사건을 성경에 기록된 다른 중보기도의 사건들 몇몇과 비교해 보는 것은 흥미로운 일이다. 창세기 18장에서 우리는 아브라함이 소돔을 위해 중재에 나선 것을 읽게 된다. 그러나 예수는 전 세계를 위한 짐을 지셨으며 잃어버린 죄인들을 구하기 위해 죽으실 것이었다. 모세는 나라 전체와 이스라엘 백성을 위해 중보기도를 하였으며(출 32장), 그들이 용서받을 수 있도록 자신이 죽고자 하였다. 그러나 예수께서는 실제로 죽으셨다. 그리고 그의 죽음 때문에 그를 믿는 모든 사람이 죄 사함을 받고 영원한 구원을 얻을 수 있었다. 솔로몬은 성전을 바치면서 긴 기도(KJV의 경우 영어 단어 1,050자)를 드렸다. 그러나 요한복음 17장에 있는 우리 주님의 기도는 영적인 성전 곧 교회를 세우심을 의미하는 것이었다(벧전 2:5).

주님은 여기서 우리에게 좋은 예를 보여 주신다. 기도는 일상생활에서뿐만 아니라 특별히 위기의 때에 필수 불가결한 것이다. "쉬운 삶을 위해 기도하지 말라." 필립스 브룩스가

한 말이다. "더 강한 사람이 되기 위해 기도하라. 당신의 능력으로 가능한 임무를 위해 기도하지 말라. 당신의 임무에 맞는 능력을 위해 기도하라."

3. 이 기도에 있는 간구 때문에 이 기도는 위대하다

아무것도 구하지 않는 기도는 아무 것도 이룰 수 없다.

> 왕께로 나아오라
> 아뢸 소원을 들고 그의 은혜와 능력 크시니
> 아뢰지 못할 바 무어랴
> 존 뉴튼

만일 "왕의 기도"라는 것이 있다면 요한복음 17장에 기록된 기도일 것이다. 이 기도의 요점은 간단하지만, 그 안에 있는 간구들은 심오하다. 이 기도는 다음과 같이 요약될 수 있을 것이다.

I. 예수께서 자신을 위해 기도하시다 (1-5).
II. 예수께서 제자들을 위해 기도하시다 (6-19).

    A. 제자들의 안전(6-12)

    B. 제자들의 거룩(13-19)

III. 예수께서 전체 교회를 위해 기도하시다(20-26).

  이 기도에 있는 간구들은 우리를 창세 전(5절)으로 인도하고, 또 천국에서 있을 미래의 영광(24절)으로도 인도한다. 이 기도는 성부와 성자의 영광(1절)뿐만 아니라 이 땅에서 하나님을 영화롭게 하는 교회(10절)에 대해서도 언급하고 있다. 주께서는 당신을 향한 아버지의 사랑(24절)뿐 아니라 믿는 자들에 대한 아버지의 사랑(23절)에 대해서도 말씀하고 계시다.

  이 기도의 간구들은 다음의 네 단어로 요약될 수 있다: 영광, 안전, 거룩, 일치. 1-5절 사이에서 예수는 아버지께 자신이 땅에 오실 때 숨겨졌던 영광을 주시기를 청하였다. 만일 하나님께서 이 부탁에 응답하지 않으셨다면 다른 부탁들도 응답받지 못하였을 것이다.

  기도의 다음 부분(6-19절)에서 우리 주님은 제자들을 위해 기도하셨다. 그는 두 가지 염려를 가지고 계셨다. 그들의 안전(6-12절:저희를 보전하사)과 그들의 거룩(13-19절:거룩하게 하옵소서)이다. 제자들은 세계 복음화의 선구자들이었으며(18절), 그들이 얻을 수 있는 모든 기도의 후원을 필요로 하고 있었다.

이 기도의 마지막 부분은 전체 교회를 강조한다(20-26절). 그리고 주요한 간구는 하나님의 백성들이 일치를 경험하게 해 달라는 것이다. "저희도 다 하나가 되어"(21절).

이 네 가지 간구들은-하나님의 영광, 제자들의 안전과 거룩, 교회의 일치-우리가 자신의 기도생활에서 따라야 할 좋은 모범을 제시해 주고 있다. 우리들 기도의 너무나 많은 부분은 천박하고 이기적이다. 위의 네 가지 간구들을 마음에 새기는 것은 우리의 기도에 깊이를 더하는 데 도움이 될 것이다.

이 기도를 공부하면서, 예수 그리스도께서 우리에게 세 가지 놀라운 선물을 주셨다는 것을 발견하게 될 것이다. 그는 우리에게 영생을 주셨고(2절), 하나님의 말씀과(8, 14절) 하나님의 영광을(22절) 주셨다. 우리에게 영생이 있기 때문에 우리에게 구원이 있다. 하나님의 말씀은 우리의 거룩을 가능하게 하신다(17절). 그리고 하나님께서 이미 우리에게 영광을 주셨기 때문에 우리가 영화롭게 되는 것은 확실하다. 믿는 자의 과거와 현재와 미래는 안전하다. 복음 전도자인 나의 친구가 나에게 한 십대 청소년의 얘기를 해준 적이 있다. 그 아이는 사고로 가족의 자가용을 망가뜨리고 그 망가진 차 옆에서 다음과 같은 기도를 드렸다. "주님, 이 사고가 일어나지 않은 것으로 해주세요." 얼마나 어리석은 기도인가! 그러나 우리 모두는 어리석고 피상적인 기도를 드린 적이 있을 것이다. 우리는 하나님의 말씀의 지식 안에서 성장함으로써만 기도생활에 깊이를 더할 수 있다. 우리가 하나님께 드리는 부탁들을 하나님의 말씀에 비추어 볼 때, 우리는 하나님의 뜻 안에서 기도하는 법을 발견하게 된다.

4. 오늘날 우리에게 주신 승리 때문에 이 기도는 위대하다

나의 한 친구는 솔로몬이 성전을 바칠 때 드린 기도를 주제로 학위논문을 썼다. 그것은 놀라운 기도이다. 그러나 오늘을 사는 신약 시대의 신자들에게 적용될 수 있는 것은 그리 많지 않다. 예수께서는 요한복음 17장의 기도를 드리면서 그의 제자들이 그 기도를 들을 수 있게 하셨다(13절). 그가 기도하신 것은 오늘날의 우리에게도 관련이 있다.

예수는 그의 다락방 설교를 다음의 말씀으로 끝내셨다. "세상에서는 너희가 환란을 당하나 담대하라 내가 세상을 이기었노라"(요 16:33). 예수는 자신의 기도에서 "세상"이라는 단어를 열 아홉 번 사용하셨다. 요한복음 17장에 기록된 기도는 우리가 어떻게 세상을 이길 수 있는지 말해 준다. 주께서 말씀하신 것을 우리의 삶에 완전히 적용하기 위해 중심이 되는 두 구절을 여기에 함께 적어 보기로 하자.

세상에서는 너희가 환난을 당하나 담대하라 내가 세상을 이기었노라	내가 세상에서 이 말을 하옵는 것은 저희로 내 기쁨을 저희 안에 충만히 가지게 하려 함이니이다.

우리가 그의 기도에서 배우는 것은 세상을 이길 용기이다. 그리고 이 승리의 기쁨은 우리의 삶을 충만케 하고 또 통제한다.

"세상"이라는 단어는 성경에서 여러 가지 다른 의미로 쓰였다. 때때로 이 단어는 요한복음 17:5의 "창세 전에"라는 구절에서처럼 "창조된 우주"를 뜻한다. "하나님이 세상을 이처럼 사랑하사…"라는 요한복음 3:16에서처럼 단순히 "인간, 인류"를 뜻하기도 한다. 그러나 가끔은 창조된 우주나 인류라는 뜻을 넘어서 "하나님과 무관하거나 하나님에 대항하여 조직된 사회"를 뜻하기도 한다. 예수께서 "내가 세상에 속하지 아니함같이 저희도 세상에 속하지 아니함을 인함이니이다"(14절)라고 기도하셨을 때, 그는 세상이라는 단어를 이 뜻으로 사용하셨다. 신학자들은 이것을 "세상"이라는 단어의

"윤리적 용법"이라고 부른다.

"세상"은 당신과 내가 구원받기 이전에 속해 있던 일상의 체계이다. 우리는 "세상 풍속을 좇아"(엡 2:2) 살았다. 우리의 기준은 이 세상의 기준이었으며, 우리는 기쁨과 만족을 이 세상에서 찾았다. 우리가 예수 그리스도를 구주로 믿었을 때 우리는 천국의 시민권을 받았으므로(빌 3:20-21) 더 이상 이 세상 조직에 속해 있지 않다. 우리는 물질적으로 이 세상에 있지만 영적으로는 이 세상에 속해 있지 않다. 바다에 잠수한 다이버와도 같다. 공기로부터 분리되어 있지만 밖에서 오는 도움으로 우리는 살아갈 수 있다. 이미 그곳으로부터 옮겨졌음에도 불구하고 우리가 끊임없이 대항해 싸워야 하는 이 세상은 어떤 특징들을 가지고 있는가?

우선 우리는 기만당한 세상에서 살고 있다. 이 세상은 하나님을 모른다. 세상의 모든 지혜에도 불구하고 세상은 하나님을 찾을 수 없다(요 17:25과 고전 1:18-31을 보라). 이 세상에 관한 한 "한 종교는 다른 종교와 다를 바가 없다."

세상은 십자가를 "종교적 상징"으로 기꺼이 받아들인다. 그러나 십자가의 사람이나 십자가의 목적과 능력에 대해서는 아무 개념이 없다. "십자가의 도가 멸망하는 자들에게는 미련한 것이요…"(고전 1:18).

이 세상의 왕자인 사탄이 마음을 속이고 심령을 어둡게 만들었기 때문에 세상은 기만당하고 있다(고후 4:3-6, 요 12:31, 14:30, 16:11). "또 아는 것은 우리는 하나님께 속하고 온 세상은 악한 자 안에 처한 것이며…"(요일 5:19). 사탄은 예수 그리스도를 모르는 사람들을 상대로 대용 종교를 제공해 주는 모조범이다. "네가 신앙하는 것이 있기만 한다면, 네가 무엇을 믿든지 다를 바 없다."

세상은 이렇게 말하고 있다. 이 세상의 체제 안에서 사람들을 조종하는 기만에도 불구하고 믿는 자들은 영원한 생명이라는 선물을 받았고, 따라서 진실을 알고 있다. "영생은 곧 유일하신 참 하나님과 그의 보내신 자 예수 그리스도를 아는 것이니이다"(3절)라고 예수는 기도하셨다. 유일하신 참하나님! 우리는 진리를 경험했기 때문에 세상을 이기었고 예수 그리스도의 기쁨에 참여하였다. 우리는 유일하신 참하나님을 아는 것이다! 그리고 유일하신 참하나님과 그의 아들 예수 그리스도를 알기 때문에 우리는 세상을 그토록 열광시키는 대용품들을 필요로 하지 않는다. 우리의 기쁨은 아버지의 가슴으로부터 나온 것에서만 찾아진다.

이 세상의 체제는 기만적일 뿐만 아니라 위험하기도 하다. "이 세상도, 그 정욕도 지나가되"(요일 2:17), "이 세상의 형적은 지나감이니라"(고전 7:31). 이 세상 체제에 사로잡힌 사람들은 그것이 안전하고 견고하며 지속적이고 의지할 만하다고 생각한다. 그러나 세상은 일시적이며 지나가는 것에 불과하다는 것이 진실이다. 사람들은 "세상만큼이나 확실해!"라는 표현을 쓴다. 그러나 이 세상 체제만큼 불확실한 것도 없다(창조된 세상은 그리 견고한 것이 아니다. "천지는 없어지겠으나 내 말은 없어지지 아니하리라"[마 24:35]).

이 세상은 기만적이기 때문에 위험하다. 이 세상은 하나님의 백성까지도 속여서 그들을 문제에 빠지게 할 수 있다. "이 세상이나 세상에 있는 것들을 사랑치 말라"(요일 2:15)고 사도 요한은 경고하였다. 사도 바울은 "너희는 이 세대를 본받지 말고"(롬 12:2)라는 말을 하였다. 야고보는 "세상과 벗된 것이 하나님의 원수임을 알지 못하느뇨"(약 4:4)라는 적절한 질문을 던졌다. 바울은 디모데에게 다음과 같은 글을 썼다. "너는 어서 속히 내게로 오라 데마는 이 세상을 사랑하여 나를 버리고"(딤후 4:9-10).

사탄은 이 세상의 왕자이다. 그는 하나님의 백성들에게 선전포고를 했다. "근신하라 깨어라 너희 대적 마귀가 우는 사자같이 두루 다니며 삼킬 자를 찾나니"(벧전 5:8). 사자들은 위험하다! 사탄은 믿는 이들을 유혹함으로써 하나님의 뜻을 거스르게 하고자 이 세상을 이용할 것이다. 우리는 기만적이고 위험한 세상에서 살 뿐만 아니라 불결한 세상에서 살고 있다. 신자는 자기를 지켜 "세속에 물들지 아니하도록"(약 1:27) 조심해야 한다.

우리가 우리 안에 가지고 있는 새로운 본성은 새로운 소망과 새로운 욕구를 창조하지만, 우리 주위에는 항상 유혹이 도사리고 있다. 이 새로운 본성 때문에 신자들은 "정욕을 인하여 세상에서 썩어질 것을 피하여"(벧후 1:4) 왔다. 그러나 그들은 여전히 유혹받을 수 있으며, 실족할 수 있다. 우리 자신을 "세속에 물들지 아니하도록" 지키는 것이 점점 어려워지고 있다.

우리는 "육신의 정욕과 안목의 정욕과 이생의 자랑"(요일 2:16)의 전파자들에 의해 공격당하고 있다. 그들이 선전하는 것이 자동차이든 무엇이든 광고주들은 광고 효과를 높이기 위해 성(sex)과 교만의 도움을 필요로 하는 것 같다. 제품에 관해서는 아무것도 모르는 모델들이 도발적인 옷을 입고 상품을 구매하도록 우리를 유혹한다. 혹은 잘 생긴 사업가가(말할 것도 없이 부유하기도 한) 우리의 자아를 부풀려 그의 수단에 넘어가게 만들기도 한다. 스테픈 리콕은 광고를 "인간의 이성을 충분히 오랫동안 사로잡아 그로부터 돈을 끌어내는 과학"

이라고 묘사한 바 있다.

마지막으로 현재의 세계는 분열된 세계이다. 사탄의 목적은 분열시키고 정복하는 것이다. 그리고 그는 성공을 거두고 있는 것처럼 보인다. 성도들마저 서로 잘 지내는 데 어려움을 겪을 때가 있지 않은가! 우리는 서로에게 딱지-자유주의자, 근본주의자, 신복음주의자, 군대식 근본주의자, 신근본주의자 등등-를 붙이고 딱지들이 문제를 해결하고 있다고 생각한다. 그러나 대개는 더 많은 문제를 만들어 내고 있다. 왜냐하면 대부분의 성숙한 크리스천들은 한 카테고리 안에 오래 머물러 있지 않으며, 일부는 어느 카테고리로 분류하기가 어렵기 때문이다. 우리는 우리가 딱지를 붙인 그 사람들이 아니라 딱지들과 더 많은 시간을 보낸다.

지금까지 나는 우리가 살고 있는 이 세상의 특징으로 다음의 네 가지를 들었다: 속임을 당한 세계이며, 위험한 세계이고, 불결한 세계이며, 분열된 세계이다. 요한복음 17장의 메시지 중 하나는 어떻게 이 세상을 이기는가 하는 것이다. 이 기도는 우리가 살고 있는 세상에 대해서 어떻게 말하고 있는지 살펴보자.

우리는 거짓의 세상에서 살고 있지만, 예수 그리스도 안에서 진실을 알고 있다. 우리는 "유일하신 참 하나님"을 알고 의지한다. 영원한 생명이라는 선물은 우리를 진리와 접촉하도록 하였다. 우리 주님은 이 진리를 1-5절에서 언급하셨다. 하나님 아버지와 그의 아들 예수 그리스도를 잘 알면 알수록 우리는 이 세상의 헛된 장난감들에 더 적은 관심을 둘 것이다. "누구든지 세상을 사랑하면 아버지의 사랑이 그 속에 있지 아니하니"(요일 2:15). 영적인 진리로 우리의 삶을 채우는 것은 아버지를 향한 우리의 사랑이다.

우리는 위험한 세상에서 살고 있다. 그러나 예수 그리스도 안에서 우리는 안전하다(6-12절). 그가 하나님의 이름을 우리에게 밝혀 주셨기 때문에(그리고 이것은 하나님의 본성, 하나님의 성품을 뜻한다) 우리는 두려워하지 않는다. "여호와의 이름은 견고한 망대라 의인은 그리로 달려가서 안전함을 얻느니라"(잠 18:10). 예수님은 다음과 같이 기도하셨다. "거룩하신 아버지여 내게 주신 아버지의 이름으로 저희를 보전하사…"(11절).

우리는 불결한 세상에서 살고 있다. 그러나 예수 그리스도와의 관계 때문에 깨끗함을 유지하는 것이 가능하다. 13-19절에서 주님은 우리의 거룩을 위하여 기도하셨다. 우리가 거룩한 길로 다닐 수 있도록 그는 우리에게 그의 말씀이라는 선물을 주셨다. "저희를 진리로 거룩하게 하옵소서 아버지의 말씀은 진리니이다"(17절).

우리는 분열된 세상에서 살고 있다. 그러나 예수 그리스도 안에서 구원받은 우리는 영적인 일치를 가지고 있다(20-26절). 우리가 이 일치를 유지하고 향상시킬 수 있도록 그는 그의 영광이라는 선물을 우리에게 주셨다(22절). 우리는 영적인 일치를 제조할 필요가 없다. 일치는 이미 존재하며, 우리가 할 일은 그것을 유지하는 것이다.

다음의 요약표가 이 진실들을 보다 분명하게 보여줄 수 있을 것이다.

우리가 살고 있는 세상	예수 그리스도 안에서 하나님의 공급
거짓의 세상	영원한 생명의 선물 (1-5): 우리는 진실을 안다.
위험한 세상	하나님 이름의 시현 (6-12): 우리는 안전하다.
불결한 세상	말씀이라는 선물 (13-19): 우리는 거룩하다.
분열된 세상	하나님의 영광이라는 선물 (20-26): 우리는 하나가 된다.

유명한 미국인 설교자인 헨리 워드 비처는 다음과 같은 말을 한 적이 있다.

"기도는 크림처럼 부드러운데 삶은 탈지유처럼 엉망이어서는 곤란하다." 요한복음 17장을 공부하면서 중요한 것은 우리의 일상의 삶이 변화되는 것이다. 우리가 이 공부로부터 과연 개인적인 유익을 얻고 있는가를 테스트하는 방법은 다음의 질문을 던지는 것이다. "이 세상을 향한 나의 태도는 어떠한가?" 공부를 하면서 우리의 삶을 계속 점검해야 한다. 우리는 이 세상의 무엇인가로부터 기만당하고 있지는 않은가? 그 결과로 그리스도 안에 있는 진리를 강탈당하고 있지는 않은가? 우리의 신앙고백과 우리의 일, 그리고 우리의 가정을 망칠 수 있는 위험한 곳에 자리를 잡고 있지는 않은가? 세상에 의해서 비밀스럽게 오염되어 가고 있지는 않은가? 영적인 일치를 고무시키는 대신 비성경적인 분열을 일으키고 있지는 않은가? 말씀을 공부함으로써 복을 받는 것이 아니다. 말씀을 행함으로써 복을 받는 것이다.

"자유하게 하는 온전한 율법을 들여다보고 있는 자는 듣고 잊어버리는 자가 아니요 실행하는 자니 이 사람이 그 행하는 일에 복을 받으리라"(약 1:25).

기도: 기초 훈련

예수께서 이 말씀을 하시고 눈을 들어 하늘을 우러러 가라사대 아버지여 때가 이르렀사오니 아들을 영화롭게 하사 아들로 아버지를 영화롭게 하게 하옵소서.

요한복음 17:1

"주여 기도를 가르쳐 주옵소서!"

제자 중 한 사람의 이 부탁(눅 11:1)은 진정한 영적 통찰의 증거를 보여 준다. 우리는 기도하는 법을 배워야만 한다. 크리스천에게 기도라는 것은 숨을 쉬는 것만큼이나 자연스러운 것이다. 그러나 숨을 쉬는 것도 올바르게 숨쉬기 위해서는 배우고 연습할 필요가 있다. 대중 연설가들은 그들의 목청을 최대한 활용하고 목을 다치지 않기 위해서 숨 쉬는 연습을 한다. 우리가 어린 시절부터 기도해 왔다는 사실은 우리가 효과적인 기도의 방법을 알고 있다는 것을 보장해 주지 않는다.

요한복음 17:1은 효과적인 기도를 드리기 위해 우리가 따라야 할 몇 가지 기준들을 보여 준다.

1. 몸의 자세는 중요하지 않다

이 기도를 하실 때 주님은 무릎을 꿇고 계셨을까 아니면 서 계셨을까? 우리는 알 수 없다. 우리가 아는 것은 그가 하늘을 향해 눈을 드셨다는 것뿐이다(요 11:41을 보라). 대부분의 사람들은 기도를 드릴 때 고개를 숙이고 눈을 감는다. 그러나 예수께서는 머리를 드시고 눈은 하늘에 초점을 맞추셨다. 많은 사람들은 기도를 드릴 때 두 손을 마주 잡는다. 그러나 성경 어디에서도 이런 관습을 발견할 수 없다. 사실 유대인들은 하나님을 향하여 무엇을 받기를 기대하며 그들의 손을 들어 올리는 데 익숙하다(왕상 8:22, 느 8:6, 시 28:2, 딤전 2:8을 보라).

다양한 기도의 자세들이 성경에 기록되어 있다. 그리고 그 모든 자세가 용납된다. 어떤 사람들은 기도 드릴 때 무릎을 꿇었다(창 24:52, 대하 20:18, 엡 3:15). 예수께서 겟세마네에서 기도하실 때, 그는 무릎을 꿇고 기도를 시작하셨다(눅 22:41). 그리고 그는 아버지께 말씀하실 때 얼굴을 땅에 대셨다(마 26:39). 기도할 때 무릎을 꿇는 것은 다니엘의 습관이었다(단 6:10). 그러나 다윗 왕은 약속된 왕국에 대해 하나님께 말씀을 드릴 때 앉은 자세였다(삼하 7:18). 소돔을 위해 중보기도를 드릴 때 아브라함은 서 있었다(창 18:22). 이렇게 기도하는 자세는 참으로 다양하다.

중요한 것은 마음의 자세이다. 육신의 무릎을 꿇는 것은 하나님께 대한 순종으로 마음의 무릎을 꿇는 것보다 훨씬 더 쉬운 일이다. 육신의 자세는 영적인 내면 태도의 증거가 될 수 있지만, 항상 그런 것은 아니다. 다시 말하지만, 중요한 것은 마음의 자세이다.

2. 우리는 아버지께 기도 드린다

기도의 성경적 양식은 성령의 능력 안에서 아들의 이름으로 아버지께 드려지는 것이다. 예수는 이 기도에서 아버지를 여섯 번 부르셨다(어떤 사람들은 기도의 매 구절에서 "아버지" 혹은 "주님"이라는 말을 사용한다. 이것은 고쳐야 할 나쁜 습관이다). 네 번은 단지 "아버지"라고 하셨다. 다른 두 번은 "거룩하신 아버지" 그리고 "의로우신 아버지"라고 부르셨다. 이것을 통해 볼 때, 우리가 하늘에 계신 아버지를 부를 때 적절한 형용사를 사용하는 것은 잘못이 아닌 것 같다. 그러나 제대로 사용하고 과도하게 사용하지 않도록 조심해야만 한다.

우리는 물론 기도가 하나님의 자녀 됨에 기초하고 있기 때문에 아버지를 부른다. 우리가 전통적으로 "주기도문"이라고 부르는 기도(마 6:9-13)에서, 예수는 제자들에게 "우리 아버지"라고 기도하도록 가르치셨다. 예수는 "우리 아버지"라고 기도하신 적이 없다. 우리는 앞 장에서 예수는 영원하신 하나님의 아들 성자이기 때문에 아버지와의 관계가 우리와는 다르다는 것을 보았다. 그는 "내가 내 아버지 곧 너희 아버지, 내 하나님 곧 너희 하나님께로 올라간다"(요 20:17)고 말씀하셨다.

우리는 사람들이 성자나 심지어는 성령께 기도 드리는 것을 들을 수 있다. 이것은 잘못된 것인가? 스데반이 그의 삶을 예수를 위해 바쳤을 때, 그는 예수가 하늘에 계신 것을 보았고 그의 기도를 예수께 드렸다. "주 예수여 내 영혼을 받으시옵소서"(행 7:59). 나는 성경에서 성령께 드려진 기도를 본 적이 없다. 우리의 기도는 하나님께 드려지는 것이고, 성부와 성자와 성령은 삼위 하나님이시기 때문에 기술적으로는 세 분 각각에게 기도를 드릴 수 있다. 그러나 성령의 능력을 통하여 성자의 이름으로 성부께 드리는 것이 성경적인 기도 양식인 것 같다.

이 기도의 어느 곳에서도 주님은 성령을 언급하지 않으셨다. 그는 다락방 설교에서 제자들에게 성령에 관해 가르치셨다(요 14:16-17, 26; 15:26; 16:7-13). 유다서 20절은 우리에게 "성령으로" 기도할 것을 가르친다. 이는 로마서 8:26, 27과 연관이 있는 것처럼 보인다. 로마서의 이 구절은 진지한 기도의 용사라면 누구나 숙고해야 하는 구절이다. 우리는 하나님의 뜻에 합당하게 기도하지 않는 한 하나님의 응답을 기대할 수 없다(요일 5:14-15). 우리는 일차적으로 하나님의 말씀을 통하여 하나님의 뜻을 발견한다(골 1:9-10). 그리고 말씀으로부터 우리를 가르치시는 것은 성령의 사역 중 하나이다(요 16:13-14).

기도가 하나님의 자녀 됨에 기초하고 있다는 사실은 자녀들이 부를 때 아버지(성부)께서는 귀를 기울이실 의무가 있다는 것을 시사한다. 사실 그것은 의무 이상이다. 자녀들이 아버지와 교제하고 그들의 필요를 아버지와 나누는 것은 아버지의 기쁨이다. "너희가 악한 자라도 좋은 것으로 자식에게 줄 줄 알거든 하물며 하늘에 계신 너희 아버지께서 구하는 자에게 좋은 것으로 주시지 않겠느냐"(마 7:11). 아버지의 마음은 사랑 안에서 그의 자녀들에게 연결된다. 그리고 그 분은 자녀들과 좋은 것들을 나누기 원하신다. 우리가 아버지를 알면 알수록 그의 뜻대로 기도하기가 쉬워진다.

3. 우리는 아버지의 뜻에 순종해야 한다

폭풍이 플로리다 해안을 휩쓸고 지나간 후 그 잔해만이 남아 있었다. 다음 날 사람들이 그들의 작은 도시를 청소하고 있을 때, 한 사람이 이런 말을 하였다. "나는 폭풍이 이곳을 휩쓸던 지난밤 기도하고 있었습니다. 그러나 그것을 인정하는 것을 부끄럽게 여기지는 않습니다." 그의 친구 중 한 사람이 대답하였다. "그렇습니다. 주께서는 지난밤 평소 기도하지 않던 사람들의 목소리를 많이 들으셨을 게 분명합니다." 기도는 우리가 건물이나 길모퉁이에서 볼 수 있는 "응급시 사용하시오"라고 쓰인 작은 적색 상자가 아니다. 나는 내 아이들과 좋은 일들을 나누는 것을 좋아한다. 그러나 아이들이 문제에 봉착했거나 필요한 것이 있을 때만 나에게 말을 건넨다면 우리의 관계는 급속도로 악화될 것이다. 하나님의 뜻을 행하지 않는 한 우리의 사는 모습은 우리의 기도를 무효화시킨다.

"아버지여 때가 이르렀사오니⋯." 어떤 때를 말함인가? 그는 이때를 위해 세상에 오셨다. 그가 십자가에서 죽으시고 묻히시고 다시 사시고, 그리고 위대한 구속의 역사를 완성하실 때인 것이다. 당신은 요한의 복음서에서 이 "때"를 추적해 볼 수 있다.

요한복음 2:4 예수께서 가라사대 여자여 나와 무슨 상관이 있나이까 내 때가 아직 이르지 못하였나이다.

요한복음 7:30 저희가 예수를 잡고자 하나 손을 대는 자가 없으니 이는 그의 때가 아직 이르지 아니하였음이로라.

요한복음 8:20 이 말씀은 성전에서 가르치실 때에 연보 궤 앞에서 하셨으나 잡는 사람이 없으니 이는 그의 때가 아직 이르지 아니하였음이러라.

요한복음 12:23 예수께서 대답하여 가라사대 인자의 영광을 얻을 때가 왔도다.

요한복음 13:1 유월절 전에 예수께서 자기가 세상을 떠나 아버지께로 돌아가실 때가 이른 줄 아시고

> 세상에 있는 자기 사람들을 사랑하시되 끝까지 사랑하시니라
>
> 요한복음 17:1 아버지여 때가 이르렀사오니…

 로버트 로가 이런 말을 했던 것으로 기억한다. "기도의 목적은 사람의 뜻이 하늘에서 이루어지도록 하는 것이 아니다. 하나님의 뜻이 이 땅에서 이루어지도록 하는 것이다." 하나님의 뜻대로 기도하기를 원한다면 하나님의 뜻대로 살아야 한다. 기도는 우리가 하는 어떤 것이 아니다. 그것은 우리 자신 자체의 어떤 것이다. 그것은 내적 인간의 가장 높고 가장 깊은 표현이다.

 실행과 기도 사이의 이 심오한 관계는 시편 37:4에 있는 것과 같은 약속을 이해하도록 우리를 돕는다. "또 여호와를 기뻐하라 저가 네 마음의 소원을 이루어 주시리로다." 이 약속을 피상적으로 읽으면 하나님을 응석받이 아이들에게 원하는 대로 해주는 지나치게 관대한 아버지인 것처럼 믿을 수 있다. 그러나 이 약속은 그것을 뜻하지 않는다. 우리가 주님 안에서 기뻐하고 모든 일에서 그를 기쁘시게 하려고 노력하면 우리의 소망에 어떤 일이 일어날 것이다. 하나님께서 바라시는 것이 우리의 소망이 되는 것이다. 우리는 주님과 함께 이 말을

하게 된다. "나의 양식은 나를 보내신 이의 뜻을 행하며 그의 일을 온전히 이루는 이것이니라"(요 4:34). 그렇게 되면 우리의 기도는 단지 하나님의 뜻을 우리의 심령에 반영하는 것에 불과하다.

우리가 하나님의 뜻대로 진심으로 기도할 때는 치러야 할 대가가 있다. 예수는 아버지로부터 오는 잔을 받기 직전에 계셨다(요 18:10-11). 아버지께서 그 잔을 준비해 놓으셨고, 그 때가 이르렀다. 그러나 예수는 두려워하지 않으셨다. 베드로는 그의 스승을 보호하고자 하였으나 예수는 그를 나무라셨다. "아버지께서 주신 잔을 내가 마시지 아니하겠느냐"(요 18:11). 우리는 결코 하나님의 뜻을 두려워할 필요가 없다. 그리고 우리가 하나님의 뜻 안에 있다면 기도에 대한 그의 응답을 두려워할 필요가 없다. 아들이 빵을 원하는데 그가 돌을 주시겠는가? 생선을 청하는데 뱀을 주시겠는가?

하나님의 뜻대로 사는 삶은 우리가 "쉬지 않고 기도하는 것"(살전 5:17)을 가능하게 해준다. 이 명령은 물론 우리가 중얼거리는 기도를 계속 드려야 함을 뜻하지 않는다. 우리의 진정한 기도는 마음의 소망에 의해서 표현된다. 만일 우리 입술이 우리 마음의 소망과 다른 기도를 지어낸다면 그것은 위선적인 기도이다. 하나님은 말에 귀를 기울이지 않으신다. 그는 심령을 보시는 분이다. 그러므로 우리가 하나님의 뜻대로 살 때, 우리 마음의 소망들은 점점 더 하나님을 닮아 갈 것이다. 이 소망들이야말로 끊임없이 하나님께 상달되는 진정한 기도이다.

예수는 하나님의 시간 계획표에 따라 사셨다. 그가 제자들에게 마리아, 마르다, 나사로를 돕기 위해 유대로 되돌아가겠다고 하시자 제자들은 항의하였다. "랍비여 방금도 유대인들이 돌로 치려 하였는데 또 그리로 가시려 하나이까?" 주님의 대답은 "어떠한가 낮이 열두 시가 아니냐"(요 11:8-9). 그는 하나님의 뜻 안에서 자신이 안전하리라는 것과 그의 때가 오기까지 사람들이 그를 죽일 수 없다는 것을 아셨다.

자비로우신 하나님은 "긴급한 기도들"에 응답하실 수 있으며 또 응답하신다. 그러나 그분은 우리가 그분과 끊임없이 친교하는 것을 더 선호하신다(사실 우리가 그의 뜻대로 살기를 구한다면, 긴급한 사태에 빠지는 일도 드물 것이다). 기도가 우리의 삶에서 어쩌다 한번 있는 일이라면 무엇인가가 잘못되어 있는 것이다.

우리가 기도하는 마음 자세를 늘 유지하고 있다는 사실은 정규적인 기도의 시간을 피한다는 것을 의미하지 않는다. 항상적인 기도의 자세를 가능하게 하는 것은 정규적인 기도의 시간들이다. 우리는 식사 때마다 추수감사절 만찬이나 축제

만찬을 즐기는 것은 아니다. 그러나 우리가 하루에 세 번 식사를 하기 때문에 이 특별한 날들을 즐길 수 있는 것이다. 우리는 기도로 하루를 시작한다. 우리는 식사 기도를 드린다. 우리는 낮 동안에 성령의 인도를 따라 기도드린다. 우리는 기도로 하루를 마감한다. 숨을 쉬는 것처럼 기도는 우리 삶의 일부분이 된다. 그래서 때때로 우리는 그것을 의식하지 못하기도 한다.

4. 하나님의 영광이 우리의 일차적 관심이 되어야 한다

"아버지여 때가 이르렀사오니 아들을 영화롭게 하사 아들로 아버지를 영화롭게 하옵소서."

"영광"의 뜻을 가진 다양한 단어가 이 기도에서 여덟 번 사용되었다. 이것은 무엇을 의미하는가? 구약성경에서 "영광"으로 번역된 히브리 단어는 "중요하고 존경할 만한 무게"를 뜻한다(고후 4:17의 "영원한 영광의 중한 것"이란 바울의 표현도 이런 뜻과 관련이 있다). 신약성경에서 "영광"으로 번역된 희랍어는 "의견, 명성"을 뜻한다. 신학자들은 "하나님의 영광"은 하나님 그분에 대한 총체적 표현이며 그분 성품의 선언이라고 말한다. 하나님의 영광은 하나님의 한 속성이 아니다. 그것은 하나님의 모든 속성들의 속성인 것이다! 그는 지혜와 능력에서 영화로우시며, 그의 강한 역사에서 영화로우시고, 우리에게 내리신 은총에서 영화로우시다.

당신은 아마도 "주기도문"이 우리에게 하나님의 관심을 우리의 관심보다 앞에 놓도록 가르친다는 것을 알아챘을 것이다. 우리는 자신의 필요(일용할 양식, 용서, 죄로부터의 보호)를 아뢰기 전에 "이름이 거룩히 여김을 받으시오며 나라이 임하옵시며 뜻이 이루어지이다"라고 기도한다. 우리의 기도가 하나님의 영광에 초점을 맞출 때, 우리는 적절한 전망 하에서 우리가 필요한 것들과 부탁드릴 것들을 보게 된다. 매우 중요해 보였던 문제들이 하나님의 영광에 의해서 측정될 때 적절한 규모로 줄어드는 경향이 있다.

하나님의 뜻대로 하나님의 영광을 위해서 기도하는 것들은 그 무엇이나 하늘에 계신 아버지에 의해 승인될 것이다. 우리가 "이 세상에서"(4절) 하나님을 영화롭게 할 준비가 되어 있다면 하나님은 우리에게 필요한 것을 제공해 주실 준비가 되어 있다.

예수께서 "아들을 영화롭게 하사"라고 하신 것이 이기적인 기도를 드리신 것인가? 그렇지 않다. 우선 그는 "창세 전에"(5절) 그 영광을 아버지와 함께하고 계셨다. 그가 육신을 입고 땅에 오셨을 때, 그는 그 영광을 감추셨다. 베드로, 야고보, 요한은 변화산에서 그 영광을 보았다(마 17:1-8, 요 1:14). 그러나 다른 사람들에게는 드러나지 않았다. 주님이 아버지께 자신을 영화롭게 해 달라고 부탁하셨을 때, 그는 이미 자신의 것이었던 것을 복귀시켜 달라고 부탁하셨을 뿐이다.

그러나 이 이야기는 여기서 그치는 것이 아니다. 예수 그리스도가 영화롭게 되는 것은 구원의 위대한 역사가 완성되는 것을 뜻한다. 이 기도에서 예수는 마치 십자가에서의 일이 이미 끝난 것처럼 말씀하신다. "아버지께서 내게 하라고 주신 일을 내가 이루어 아버지를 이 세상에서 영화롭게 하였사오니"(4절). 만일 예수 그리스도가 영화롭게 되지 않았다면 오늘날 죄인들을 위한 구원은 없었을 것이다. 성령도 주어지지 않았을 것이다. 교회도, 신약성경도, 크리스천의 삶도 없었을 것이다. 주님의 자신을 위한 기도는 이기적인 기도가 아니었다. 그의 마음에는 우리도 있었기 때문이다. 또한 결국 그의 기도가 응답받기 위해서 그는 십자가 상의 죽음이라는 대가를 치르셨다. 당신은 어떤 상상력을 발휘해도 이것을 이기적이라고 할 수 없을 것이다.

하나님은 그의 아들의 기도에 응답하셨다. "아브라함과 이삭과 야곱의 하나님 곧 우리 조상의 하나님이 그 종 예수를 영화롭게 하셨느니라"(행 3:13). 베드로전서 1:21은 우리에게 아버지께서 "저를 죽은 자 가운데서 살리시고 영광을" 주셨다고 말씀하신다. 하늘에는 오늘도 영화롭게 되신 분이 계시다. 예수 그리스도 안에서는 신성과 인성이 영광을 함께한다. 이것은 우리에게 우리도 언젠가는 하나님의 영광을 나눌 수 있다는 확신을 준다. "우리가 그와 같을 줄을 아는 것은 그의 계신 그대로 볼 것을 인함이니…"(요일 3:2).

예수 그리스도는 그의 교회에 이미 영광을 주셨다(5절). 로마서 8:30에 있는 동사의 시제는 항상 나를 놀라게 한다. "의롭다 하신 그들을 또한 영화롭게 하셨느니라." 우리는 의롭게 된 것만큼 영화롭게 되었다. 그러나 이 영광은 아직 드러나지 않았다. 죄로 인해 고통당하는 모든 피조물들은 "하나님의 아들들의 나타나는 것"(롬 8:19)을 고대하고 있다. 왜냐하면 그 때가 되어서야 비로소 피조물도 썩어짐의 종 노릇 한 데서 해방되어 "하나님의 자녀들의 영광의 자유"(롬 8:21)에 이르게 되기 때문이다.

"만일 하나님께서 이 기도를 들어주신다면" 하고 우리는 자신에게 물어보아야 한다. "이것이 그분을 영화롭게 할 것인가? 예수께서 다시 오실 때 이 응답은 어떤 인정을 받을까?" 나는 하나님의 영광에 근거하여 나의 기도를 검증하는 것이 이기적이고 근시안적인 기도를 검출해 내는 좋은 방법이라는 것을 발견하였다.

5. 우리는 믿음으로 기도해야 한다

주님이 인간적인 시각으로만 그의 상황들을 보셨다고 가정해 보자. 그가 성경에 기록된 그대로 기도하실 수 있었을까? 아마 불가능했을 것이다.

그가 그의 사역의 날들을 되돌아보고 인간의 관점에서 그의 사역을 평가했다고 가정해 보자. 그것은 실패처럼 보였을 것이다. 그를 추종하는 사람들은 별로 없었으며, 조국은 그를 거절했다. 인간적으로 말해서 그의 일은 실패했다. 그러나 그는 다음과 같이 기도하셨다. "아버지께서 내게 하라고 주신 일을 내가 이루어 아버지를 이 세상에서 영화롭게 하였사오니"(4절). 믿음에 의해, 그는 땅에 심긴 한 알의 밀알이 될 것이며 많은 결실을 거둘 것이었다(요 12:24).

혹은 그가 주위를 둘러보았다고 가정해 보자. 무엇을 볼 수 있었을까? 적은 수의 사람들, 그들 모두는 이렇게 저렇게 예수를 버릴 것이었다. 베드로는 그를 세 번 부인할 것이다. 한편 이 시간에 유다는 유대 공회와 흥정하여 스승을 노예처럼 팔려고 하고 있었다. 베드로와 야고보와 요한은 주님를 격려해야 할 때에 동산에서 잠에 빠져들 것이다. 그리고 그들 모두는 예수를 버리고 도망칠 것이다.

그러나 예수님은 믿음으로 기도하셨다. "내가 저희로 말미암아 영광을 받았나이다"(10절). 믿음에 의해 그는 마치 제자들이 복음을 전파하기 위해 세상에 보내진 것처럼 기도하셨다. 과거의 실패에도 불구하고 그들은 성공할 것이다. "내가 비옵는 것은 이 사람들만 위함이 아니요." 그는 아버지께 말씀하셨다. "또 저희 말을 인하여 나를 믿는 사람들도 위함이니…"(20절). 이 나약한 사람들이 그들을 미워하는 세상을 공략하여 많은 사람들을 구세주의 발아래로 데려올 것이었다. 예수는 믿음에 의해 이 모든 것을 보았다. 만일 우리 주님이 앞을 내다보셨다면 체포와 기소, 십자가에서의 죽음을 보셨을 것이다. 인간적으로 말해서 그것은 실패였다. 그러나 믿음에 의해서 그는 진정 그것이 무엇인지 보셨다. 그것은 승리였던 것이다! 그는 안드레와 빌립에게 이런 말씀을 하셨다. "인자의 영광을 얻을 때가 왔도다"(요 12:23). 영광을 얻다니! 우리

같으면 십자가에 못 박힐 때가 왔다고 말할 것이다. 그러나 그는 십자가를 넘어 장차 올 영광을 내다보셨다. "저는 그 앞에 있는 즐거움을 위하여 십자가를 참으사 부끄러움을 개의치 아니하시더니 하나님 보좌 우편에 앉으셨느니라"(히 12:2).

우리가 믿음으로 기도할 때 하나님의 관점에서 사물을 보기 시작한다. 믿음은 보이지 않는 것들을 볼 수 있게 한다. 믿음은 하나님께서 미래에 하실 일들을 현재의 일로 그리고 이미 완성된 일로 여긴다. "이는 우리가 믿음으로 행하고 보는 것으로 하지 아니함이로라"(고후 5:7).

나 자신의 기도생활에서 하나님은 끊임없이 나를 이러한 기초 원리들로 되돌려 놓으려고 하신다. 내가 외부적인 것들 때문에 길을 우회하기는 쉬운 일이다. 그러나 아버지께서는 효과적인 기도는 심령으로부터 나와야 함을 상기시킬 것이 틀림없다. 나는 내가 하나님의 뜻 안에 있다는 것과 하나님의 뜻 안에 있기를 원한다는 것을 확실하게 하기 위해서 아버지와의 관계를 반복적으로 점검해야 한다("마음으로 하나님의 뜻을 행하여"[엡 6:6]). 나의 동기들을 점검해야 한다. 나는 아버지를 영화롭게 하기 위하여 기도하는가, 아니면 나 자신의 안락한 길을 위하여 기도하는가? 나는 하나님의 말씀에 간구의 기초를 두고 믿음에 의해 기도하는가?

아마도 이 모든 것은 기도를 매우 복잡하고 어려운 것으로 보이게 만들 것 같다. 사실은 그렇지 않다. 진정한 기도는 아버지와의 개인적인 "사랑 관계"의 부산물이다. "나의 계명을 가지고 지키는 자라야 나를 사랑하는 자니 나를 사랑하는 자는 내 아버지께 사랑을 받을 것이요 나도 그를 사랑하여 그에게 나를 나타내리라"(요 14:21).

놀라운 세 가지 선물

3

아버지께서 아들에게 주신 모든 자에게 영생을 주게 하시려고 만민을 다스리는 권세를 아들에게 주셨음이로소이다. 영생은 곧 유일하신 참 하나님과 그의 보내신 자 예수 그리스도를 아는 것이니이다.

요한복음 17:2-3

이 기도에서 "주다"라는 단어는 중요한 의미를 가지고 있다. 사실 요한복음 전체에서 그렇다. "주다"라는 단어와 이 단어의 파생어들은 우리 주님의 기도에서는 17번, 그리고 요한복음 전체에서는 76번 사용되었다.

주는 것과 받는 것에 대한 배움은 인생의 중요한 한 부분이다. 존 도운은 이런 말을 하였다. "인간은 섬일 수 없다." 맞는 말이다. 우리는 서로에게 의지하고 있으며 서로를 필요로 하고 있다. 그리고 무엇보다도 우리는 하나님을 필요로 한다. 우리는 은혜로우신 아버지께서 관대하게 주시는 것들을 떠나서는 아무것도 가질 수 없다. "만일 하늘에서 주신 바 아니면," 세례 요한이 말하였다. "사람이 아무것도 받을 수 없느니라"(요 3:27).

요한복음 17:2에는 세 가지 놀라운 선물이 언급되어 있다. 이 선물들을 이해하는 것은 하나님의 놀라운 구원의 계획을 이해하고, 우리가 어떻게 그 계획에 부응할 수 있는지를 이해하는 데 도움이 될 것이다.

1. 성부는 성자에게 권세를 주셨다

여기서 우리는 삼위일체 하나님 안에서의 신비한 내적 역사, "창세 전"(5절)의 계획들을 접하게 된다. 성자께서 고통을 받고 죽으실 것이기 때문에, 그는 그를 믿는 사람들에게 영생을 줄 수 있는 권세를 부여받으실 것이라고 선포되었다—우리가 뒤에서 보겠지만, 성자를 믿는 사람들 역시 성부가 성자에게 주신 선물이다. 예수께서 아들을 영화롭게 해 달라고 청하신 기도는 이러한 권세를 바탕으로 한 것이었다. 만일 그가 영화롭게 되지 않으면 영원한 생명의 선물을 나누어 살 수 없을 것이었다. 권세와 영광은 함께 가는 것이다.

권세는 행할 수 있는 권리, 권력을 쓸 수 있는 권리이다. 만일 총을 든 강도가 내 집에 침입하면, 그는 힘은 있으나 권세는 없다. 만일 경찰이 총을 들고 나타나면, 이 경찰은 힘과 권세를 함께 갖추고 있다. 그러나 그것은 누군가가 그 경찰에게 행동을 취할 수 있는 권세를 주었기 때문이다. "네가 무슨 권세로 이런 일을 하느뇨" 하고 유대 지도자들이 예수께 물었다. "또 누가 이 권세를 주었느뇨"(마 21:23).

성부께서 예수 그리스도에게 그가 이 땅에서 하신 일들을 할 수 있는 권세를 주셨다(물론 영존하시는 성자로서 우리 주님은 하나님의 모든 권세를 가지고 계셨다). 우선, 성부는 성자에게 죽고 다시 살아나실 권세를 주었다. "아버지께서 나를 사랑하시는 것은 내가 다시 목숨을 얻기 위하여 목숨을 버림이라. 이를 내게서 빼앗는 자가 있는 것이 아니라 내가 스스로 버리노라. 나는 버릴 권세도 있고 다시 얻을 권세도 있으니 이 계명은 내 아버지에게서 받았노라"(요 10:17-18).

그리스도의 죽음은 사고가 아니었다. 그것은 예정된 것이었다. 그것은 실수가 아니었다. 그것은 계획된 것이었다. 그것은 순교나 자살이 아니었다. 세상의 죄를 위해 하나님의 독생자께서 자신을 기꺼이 바치신 것이었다. 예수 그리스도는 성부로부터 세상의 구세주로서의 권세를 받은 유일한 분이다. 이 권세를 받았다고 주장하는 다른 사람이 있다면 그는 거짓말쟁이다.

성부는 성자에게 심판의 권세를 또한 주셨다. "아버지께서 자기 속에 생명이 있음 같이 아들에게도 생명을 주어 그 속에 있게 하셨고 또 인자됨을 인하여 심판하는 권세를 주셨느니라"(요 5:26-27). 그는 구세주이자 심판주이시다. 왜냐하면 이 둘은 함께 가는 것이기 때문이다. 그를 구주로 받아들이지 않는 사람들은 그를 심판자로서 만나게 될 것이다. 예수가 이곳 땅 위에서 인간의 몸을 입고 일하셨기 때문에 그에게는 더욱 심판자로서의 자격이 있다. 아무도 "당신은 우리가 어떤 경험을 했는지 모른다!"라는 말은 할 수 없을 것이다. 주님은 당신 자신이 사람의 아들이기 때문에 사람을 잘 아신다.

주님은 아버지께로 돌아가시기 위해 하늘로 올라가실 때 따르는 무리에게 다음과 같이 말씀하셨다. "하늘과 땅의 모든 권세를 내게 주셨으니"(마 28:18).

여기에는 영생을 주는 권세도 포함되어 있다.

"모든 인류"는 우리 주님의 권세 아래 있다. 원래의 그리스어대로 하면 "모든 육체"(모든 혈육 있는 자)가 그러하다. 인간은 단지 "육체"에 불과하다. 그렇기 때문에 영원히 지속되는 영광을 가질 수 없다. "모든 육체는 풀과 같고 그 모든 영광이 풀의 꽃과 같으니…"(벧전 1:24, 사 40:6). "모든 육체"(모든 혈육 있는 자)에 대한 성경 최초의 언급은 깊은 의미를 담고 있다. "하나님이 보신즉 땅이 패괴하였으니 이는 땅에서 모든 혈육 있는 자의 행위가 패괴함이었더라"(창 6:12). 사람은 육체, 혈육 있는 자에 불과하다. 그리고 육체의 영광은 지속되지 않는다.

우리 주 예수 그리스도는 은혜와 사랑의 마음으로 "죄 있는 육신의 모양"(롬 8:3)을 입으셨다. 그는 진정 인간이었으나, 죄는 없으셨다. 그는 "영"의 세계로 우리를 인도하기 위해서 "육신"의 세계로 오셨다. 그는 잠시 인간의 육신을 입으신 것이 아니고 영원히 그것을 지니셨다. 그는 인간의 몸과 더불어 하늘에 올라가셨으며, 그의 육신은 하나님의 영원한 영광을 함께하고 있다.

2. 성부는 성자에게 백성을 주신다

예수 그리스도는 영원한 생명을 줄 수 있는 권세를 가지고 계시다. 그러나 이 귀한 선물을 모든 사람에게 주시지는 않는다. 그는 아버지께서 그에게 주신 사람들에게 영원한 생명을 주신다. 이 기도에서 적어도 네 번 예수는 구원받은 사람들을 아버지께서 그에게 주신 사람들로 규정하셨다.

우리는 다시 영화로우신 삼위일체 하나님에 의해 창세 전에 정해진 영원한 계획의 신비 속으로 들어가고 있다. 신학자들은 이것을 "신적 예정"의 교리라고 부른다. 십자가 상에서 완성하신 일로 인하여 성자 하나님이 "한 백성," 즉 교회를 받을 것이라고 성부 하나님이 선포하셨다. 성자 하나님은 잃어버린 세상을 향한 성부 하나님의 사랑의 선물이다. 한편, 교회는 당신의 사랑하는 아들을 향한 성부의 사랑의 선물이다.

성경은 하나님 삼위 모두가 우리의 구원에 관계하고 계시다는 것을 분명히 한다. 이것은 삼위 안에서 만들어진 영원한 계약의 일부이다. 하나님의 구원 계획은 사후적인 것이 아니었다. "그가 하나님의 정하신 뜻과 미리 아신 대로 내어준 바 되었거늘 너희가 법 없는 자들의 손을 빌어 못 박아 죽였으나"(행 2:23), "그는 창세 전부터 미리 알리신 바 된 자나 이 말세에 너희를 위하여 나타내신 바 되었으니"(벧전 1:20).

두 종류의 진실이 성경에서 평행하게 달리고 있는 것으로 보인다. 하나는 하나님께서 그의 "택한 백성"을 창세 전에 고르셨다는 것이며, 다른 하나는 이 "택한 백성"이 그리스도를 믿는 책임 있는 결정을 하였다는 것이다. "아버지께서 내게 주시는 자는 다 내게로 올 것이요(이것이 신적 선택이다), 내게 오는 자는(이것은 인간의 책임이다) 내가 결코 내어쫓지 아니하리라"(요 6:37). 우리가 신적 선택을 부인하면, 그것은 구원을 인간의 일로 만드는 것이다. 우리가 인간의 책임을 부인하면, 그것은 인간을 격하시켜 하나님의 영원한 계획을 채우는 로봇에 불과하도록 만드는 것이다. "구원은 여호와께로서 말미암나이다"(욘 2:9)라는 요나서의 구절은 하나님의 주권을 말한다. "너희는 여호와를 만날 만한 때에 찾으라"(사 55:6)는 이사야서의 구절은 인간의 책임을 말한다.

역설? 그렇다. 신비? 물론이다. 불가능? 그건 아니다. 나의 신학교 교수님 중 한 분이 이런 말씀을 하신 적이 있다. "신적 선택을 설명하려고 하면 정신을 잃을 수 있다. 신적 선택을 부정하는 설명을 하려고 하면 영혼을 잃을지 모른다." 진실이라고 해서 항상 한쪽 극단에만 있는 것은 아니다. 때때로 진실은 상반된 두 가지가 만나는 역설의 미묘한 점에서 발견된다. 어쨌든 신적 선택의 신비를 이해하는 것이 길 잃은 죄인이 구원받기 위한 필요조건은 아니다. 우리는 하나님이 우리를 사랑하신다는 것과(요 3:16) 아무도 멸망치 않기를 바라신다는 것을(벧후 3:9) 안다. 우리는 구원의 약속은 "누구든지 주의 이름을 부르는 자는 구원을 얻으리라"(행 2:21)고 하신 바와 같다는 것을 안다. 주의 이름을 부르는 자에게 하나님은 응답하시고 구원하신다.

우리는 이미 하나님 삼위 모두가 우리의 구원에 관계하고 계시다는 것을 보았다. 아마 이 진리는 구원의 기적에서 하나님의 역할과 우리의 역할을 더 잘 이해하는 데 도움이 될 것이다.

성부 하나님의 역할을 보면, 그가 창세 전에 그리스도 안에서 나를 택하셨을 때 나는 구원을 받았다(엡 1:4). 물론 나는 그 선택에 관해서 아무것도 알지 못한다. 성자 하나님의 역할을 보면, 그가 전 세상의 죄를 위하여 죽으셨기 때문에 그가 십자가 상에서 돌아가셨을 때 나는 구원을 받았다(요일 2:2). 이것이 복음서의 메시지, 즉 죄인들이 구원받을 수 있다는 기쁜 소식이다. 나는 이 기쁜 소식을 어린아이 때부터 알고 있었지만, 정말로 내 마음에 부딪힌 것은 "그리스도의 청년들"이란 집회에 참석한 어느 날 밤이었다. 나는 복음에 관한 설교를 들었고, 그리스도를 믿었으며, 그리고 구원받았다. 그러므로 성령의 역할을 보면, 내가 성령의 부르심에 응답한 1945년 5월의 어느 날 밤 나는 구원을 받은 것이다.

삼위 중 한 분의 사역을 강조하기 위해 다른 분들을 무시하는 것은 옳지 못하다. 또한 하나님의 역할을 강조하기 위해 사람의 역할을 무시하는 것도 옳지 못하다. 바울이 다음의 글을 썼을 때 그는 이 모든 것들의 균형을 잘 이루고 있었다. "주의 사랑하시는 형제들아 우리가 항상 너희를 위하여 마땅히 하나님께 감사할 것은 하나님이 처음부터 너희를 택하사 성령의 거룩하게 하심과 진리를 믿음으로 구원을 얻게 하심이니 이를 위하여 우리 복음으로 너희를 부르사 우리 주 예수 그리스도의 영광을 얻게 하려 하심이니라"(살후 2:13-14).

내가 만일 하나님께서 이 세상에서 그의 완벽한 계획을 이루고 계시다는 것을 믿지 않는다면, 나는 내 사역을 멈출 것이다. 이 세상에는 하나님의 선택을 입은 사람들이 있다는 것은 내가 하는 일이 설교든 서술이든 간증이든 기도이든 간에 나에게 큰 격려가 된다. 바울이 오염된 고린도에서 낙담하고 있을 때, 주님은 그에게 다시 확신을 주셨다. "두려워하지 말며 잠잠하지 말고 말하라. 내가 너와 함께 있으매 아무 사람도 너를 대적하여 해롭게 할 자가 없을 것이니 이는 이 성 중에 내 백성이 많음이라"(행 18:9-10). 예수는 이 백성을 "아버지께서 내게 주신 사람들"이라고 부르셨다.

물론 예정론은 인간의 자존심에 타격을 가하는 것이다. 일부 개인적 일꾼들과 복음 전도자들이 사람들에게 하나님의 아들을 믿는다는 것은 하나님께 뭔가를 해드리는 일이라는 인상을 주는 것은 불행한 일이다. 때로는 죄인이 자신의 구원을 돕기 위해 무언가를 하지 않으면 하나님은 아무것도 하실 수 없다는 인상을 주는 경우도 있다. 죄인들은 선택을 한다. 그러고는 그들이 선택받은 것임을 발견하게 된다. 그들은 믿는다. 그러고는 자신들의 믿음과 회개가 하나님의 선물이었음을 발견하게 된다(행 11:18). 우리는 이것을 설명할 수 없다. 그러나 이것을 누린다. 그리고 우리는 요나와 함께 기쁘게 확신한다. "구원은 주님으로부터 말미암는다!"

다음의 다섯 가지 특별한 축복은 성부에 의해 성자에게 주어진 사람들에게 속해 있다.

a. 영생(2절). 이 은총에 관해서는 이 장의 마지막 부분에서 세세히 공부할 것이다.

b. 아버지를 아는 지식(6-7절). 이 세상은 하나님을 알지 못한다(25절). 성부에 의해 성자에게 주어진 사람들만이 하나님을 안다. "그의 이름을 아는 것"은 그를 인격적으로 알고 그의 본성을 이해하는 것을 의미한다. 하나님의 자녀들은 아버지에 관해 아는 데서 그치지 않는다. 그들

은 아버지를 개인적으로 아는 것이다.

c. 그들을 위한 그리스도의 중보기도(9절). 그리스도는 이 땅에 계실 때 그의 제자들을 위해 기도하셨다. 오늘날 그는 모든 신자들을 위해 기도하신다. 이는 천국에 계신 우리의 대제사장으로서의 그의 위대한 사역의 일부이다 (롬 8:34, 히 7:25, 9:24 참조).

d. 이 세상에서의 하나님의 보호(11-12절). 이는 하나님의 백성의 육체적, 영적 안위를 위한 것이다. 그리고 또한 그리스도 안에서의 영적 일치를 위한 보호이기도 하다. 하나님은 당신의 백성들을 지키신다.

e. 영원한 영광(24절). 이것은 천국에 대한 보증이다. 예수 그리스도에게 주어지지 않은 사람은 아무도 천국에 있을 수 없다.

우리가 그리스도에게 주어졌다는 사실을 아는 것은 얼마나 중요한 일인가! 베드로는 확신 있게 다음과 같이 썼다. "그러므로 형제들아 더욱 힘써 너희 부르심과 택하심을 굳게 하라 너희가 이것을 행한즉 언제든지 실족지 아니하리라"(벧후 1:10). "쉬운 믿음"과 옅은 복음주의의 시대인 현대에는 크리스천임을 표방하되 실제로는 전혀 변화되지 않은 사람들이

의심의 여지없이 많다. 잘 알려진 기독교 지도자 한 사람은 현대 교인 중 반수는 거듭나지 못한 사람들이라고 믿고 있다고 나에게 말한 바가 있다. 바울은 고린도 교회의 교인들에게 다음과 같이 경고했다. "너희가 믿음에 있는가 너희 자신을 시험하고 너희 자신을 확증하라"(고후 13:5).

3. 성자는 그에게 주어진 사람들에게 영생을 주신다

"생명"이라는 단어는 요한복음에서 36번 사용되었다. 사실 요한은 죄인들이 그리스도를 믿고 영생을 얻게 하기 위하여 복음서를 저술하였다(요 20:31). 영생이 인간이 받을 수 있는 가장 위대한 선물이라는 데는 의심의 여지가 없다.

그런데 "영생"이란 무엇인가? 그것은 분명 단순한 생명의 연장, 즉 영원히 사는 것, 그 이상을 의미한다. 왜냐하면 구원받지 못한 사람들도 하나님으로부터 분리되었을 뿐 영원히 살기 때문이다. "이런 자들이 주의 얼굴과 그의 힘의 영광을 떠나 영원한 멸망의 형벌을 받으리로다"(살후 1:9). 영원한 삶은 끝이 없는 시간이 아니다. 그것은 우리가 지금 나누고 있는 하나님 자신의 생명이다. 그것은 시간의 양이 아니고 경험의 질이다. 사실 영원한 삶은 시간에 의해 영향받지 않는다. 영생을 주신 영존하시는 하나님처럼 이 선물은 시간을 초월하여 시간 그 너머에 있다. 우리가 영생을 가졌다면 하나님 자신의 생명을 지금 여기에서 가지고 있는 것이며, 영원히 가질 것이다.

영국인 설교자 캠벨 모건 박사는 요한이 그의 복음서의 독자들을 위해서 생명을 위해 필수 불가결한 것들을 모두 묘사해 놓았음을 지적하였다. 예를 들어 빛이 없이는 생명이 있을 수 없다. "그 안에 생명이 있었으니 이 생명은 사람들의 빛이라"(요 1:4). 또한 숨이 없이는 생명이 있을 수 없다. "이 말씀을 하시고 저희를 향하사 숨을 내쉬며 가라사대 성령을 받으라"(요 20:22, 또한 성령을 "바람"으로 묘사한 요 3:8을 보라). 물 역시 생명을 위하여 필수 물가결한 요소이다. "내가 주는 물을 먹는 자는 영원히 목마르지 아니하리니 나의 주는 물은 그 속에서 영생하도록 솟아나는 샘물이 되리라"(요 4:14). 생명을 위한 네 번째 필수 요소는 음식이다. 그리고 예수는 "내가 곧 생명의 떡이니"(요 6:35)라고 말씀하셨다.

물론 이 영생이라는 선물은 예수께서 "거듭남"이라고 표현하신 것을 통하여 온다(요 3:1-21). 우리의 처음 출생은 육체로 태어난 것이지만 구원을 가져오는 두 번째 출생은 영적으로 태어나는 것이다. 우리의 처음 출생은 우리를 아담의 후손으로 만들었고 그러므로 우리를 죄인으로 만들었다. 우리의 두 번째 출생은 우리를 하나님의 아들과 딸로 만들었고 죄의 문제를 영원히 해결하게 해주었다.

요한복음 17:3에서 우리 주님은 영생을 "하나님을 아는 것"으로 설명하셨다. 그러나 이것을 하나님을 단지 지적으로 아는 것을 의미하는 것으로 해석해서는 안 된다. 하나님에 관해서 아는 것은 하나님을 개인적으로 아는 것과 다르다. "알다"라고 번역된 희랍어의 역사는 이 단어가 "경험에 의해 아는 것"을 의미함을 보여 준다. 그것은 단순한 의견이나 정신적 수용이 아니다. 어떤 존재 혹은 어떤 사람을 아는 것은 그 존재나 사람의 전적인 실체를 파악하는 것이며, 그 고유한 본성을 통찰하는 것이다. 구약성경에서 "알다"를 의미하는 히브리 단어 또한 남편과 아내 사이의 친밀한 관계를 묘사하기 위해 쓰였고, 이러한 의미는 신약성경에도 이어졌다(마 1:25, 눅 1:34).

어떻게 우리 죄인이 이러한 친밀하고 개인적이며 또 구원에 이르게 하는 방식으로 하나님을 알 수 있을까? 오직 예수 그리스도를 통해서. 사도 빌립이 이런 말을 하였다. "주여 아버지를 우리에게 보여 주옵소서 그리하면 족하겠나이다." 그러자 예수께서 이같이 대답하셨다. "빌립아 내가 이렇게 오래 너희와 함께 있으되 네가 나를 알지 못하느냐 나를 본 자는 아버지를 보았거늘 어찌하여 아버지를 보이라 하느냐"(요 14:8-9). 우리가 영생의 경험을 하며 아버지를 알 수 있게 되는 것은 예수 그리스도께 나아갈 때뿐이다.

영생이라는 이 선물의 특징들을 살펴보자. 예수 그리스도가 그의 생명을 대가로 지불했기 때문에 이 선물은 역사상 가장 비싼 선물이다. 그것은 또한 영원한 선물이다. 우리가 받는 대부분의 선물은 닳거나 깨어지지만, 영생이라는 선물은 시간이 지나면서 더욱 진가를 발한다. 영생은 필수적인 선물이다. 모든 사람이 그것을 필요로 한다. 만일 우리가 세상에 있는 모든 사람들에게 주어야 하는 선물이 있다면, 그것은 과연 무엇일까? 모든 사람이 책을 읽을 수는 없다. 모든 사람이 같은 종류의 옷을 입지는 않는다. 모든 사람이 돈을 필요로 하는 것은 아니다. 음식에 대한 선호도 장소에 따라 다른 법이다. 모든 사람에게 적절한 선물은 영생이다. 모든 사람이 그것을 필요로 하기 때문이다.

영생은 깊은 뜻이 있는 선물이다. "하나님이 세상을 이처럼 사랑하사"(요 3:16). 어떤 선물들은 감사나 사죄의 표시로 혹은 자랑하기 위하여 선사된다. 그러나 영생은 우리를 향하신 성부의 크신 사랑을 나타내기 위해 선사되었다.

영생은 배타적인 선물이다. 성부가 성자에게 주신 사람들만이 영생을 받을 수 있다. 참하나님은 오직 한 분이다. 구세주도 한 분밖에 없다. 오직 예수 그리스도만이 그를 믿는 사람들에게 영생을 주실 수 있다. 죄인들이 이 값없는 선물을 거절하는 것은 얼마나 큰 비극인가! "그러나 너희가 영생을 얻기 위하여 내게 오기를 원하지 아니하는도다"(요 5:40).

영생이라는 주제는 매우 광범위해서 더 많은 지면을 요할 수도 있지만, 나는 다음과 같은 사실을 말하는 것으로 이 장을 마치고자 한다.

영생을 얻은 사람은 그의 일상생활이 그것을 증언한다. "나는 하나님을 압니다"라고 말하는 사람은 실천을 통해 자신의 고백이 참됨을 증언해야 한다. 우선, 그러한 사람은 하나님의 뜻에 순종할 것이다. "저를 아노라 하고 그의 계명을 지키지 아니하는 자는 거짓말하는 자요 진리가 그 속에 있지 아니하되"(요일 2:4). 그는 또한 형제를 향한 사랑을 실천할 것이다. "사랑하지 아니하는 자는 하나님을 알지 못하나니 이는 하나님은 사랑이심이라"(요일 4:8). 하나님을 안다고 말하는 것은 막중한 임무를 동반하는 것이다.

영원한 생명의 반대는 영원한 죽음, 곧 두 번째 죽음이자,

불못에 던져지는 것이다(계 20:11-15). 영생은 하나님을 아는 것을 의미한다. 영원한 죽음은 하나님으로부터의 분리를 의미한다. "하나님이 그 아들을 세상에 보내신 것은 세상을 심판하려 하심이 아니요 저로 말미암아 세상이 구원을 받게 하려 하심이라"(요 3:17).

당신은 영생의 선물을 받았는가?

이 선물의 기쁜 소식을 다른 사람들과 나누고 있는가?

"창세 전"에 무슨 일이 있었는가?

아버지께서 내게 하라고 주신 일을 내가 이루어 아버지를 이 세상에서 영화롭게 하였사오니 아버지여 창세 전에 내가 아버지와 함께 가졌던 영화로써 지금도 아버지와 함께 나를 영화롭게 하옵소서.

요한복음 17:4-5

당신의 기억 창고에서 꺼낼 수 있는 가장 오래된 일은 무엇인가? 나는 어머니가 수술을 받기 위해 병원에 가고 대신 이모가 우리들을 돌보기 위해 오던 날을 아주 희미하게 기억한다.

역사학자들이 발견한 가장 오래된 문헌은 기원전 3500년경으로 거슬러 올라간다. 그것은 1952년 이라크에서 발굴된 점토판에서 발견되었다.

그러나 성경은 우리를 시간 이전으로, 영원 전으로 인도한다. 무슨 이유에서인가? "창세 전"에 어떤 일이 있었는지를 알지 못하면, "지금" 일어나고 있는 일도 이해할 수 없기 때문이다. 피어슨 박사가 자주 말한 것처럼 "역사는 하나님의 이야기이다." 현대의 어떤 소설가는 "모든 것은 우연"이라는 확신을 가지고 있었다. 그러나 크리스천들이 더 잘 알고 있다. 모든 것은 예정되어 있는 것이다. 당신과 내가 하나님께서 그의 보좌에 앉아 계신 것과 그의 온전하신 뜻을 이루고 계신 것을 믿지 않는다면, 우리는 삶의 격랑에서 허우적댈 것이다. 윌리엄 코우퍼가 쓴 다음의 찬송시는 이것을 완벽하게 표현하고 있다.

하나님은 신비한 방법으로
그의 기사를 행하신다네
대양에 발자국을 남기시며
폭풍 위로 날으시네
측량할 수 없는
깊고도 오묘함으로
지혜로운 계획들을 세우시고
그의 주권으로 역사하신다네

"내 방식대로"를 강조하는 자기 중심적인 현대인들은 주권자이신 하나님과 어떤 관계도 맺고 싶어하지 않는다. 그러나 하나님의 주권은 인간의 책임이나 도덕적 자유를 말살하는 것이 결코 아니다. 하나님의 주권이 의미하는 바는 하나님께서 규율을 정하신다는 것, 그리고 하나님의 규율이 지켜지지 않을 때 하나님께서 강권으로 역사하신다는 것이다.

이러한 것들은 우리로 하여금 예수님이 언급하신 "창세 전"에 관심을 가지게 한다. 다음의 중요한 질문에 대한 답을 성경에서 찾아보자: "창세 전"에 어떤 일들이 있었단 말인가? 몇 가지 사실들이 답을 발견하는 데 도움을 줄 것이다.

1. 예수는 영원 불멸의 하나님으로 존재하셨다

물론 하나님 삼위 모두가 존재해 계셨지만, 요한복음 17장에서 우리의 특별한 관심의 초점은 우리 주 예수 그리스도이다. 사실 이는 요한복음서의 초점이기도 하다. "오직 이것을 기록함은 너희로 예수께서 하나님의 아들 그리스도이심을 믿게 하려 함이요 또 너희로 믿고 그 이름을 힘입어 생명을 얻게 하려 함이니라"(요 20:31). 우리는 앞의 1장에서 예수 그리스도가 영원 불멸의 하나님이심을 증명하는 요한복음 17장의 증거들을 언급한 바 있다.

요한복음은 그리스도의 신성에 대한 선포와 함께 시작한다. "태초에 말씀이 계시니라 이 말씀이 하나님과 함께 계셨으니 이 말씀은 곧 하나님이시니라. 그가 태초에 하나님과 함께 계셨고"(요 1:1-2).

예수가 하나님의 아들이시라는 것을 증언한 사람이 요한복음에 여섯 명 등장한다는 사실은 주목할 가치가 있다: 세례 요한(1:34), 나다나엘(1:49), 베드로(6:69), 고침받은 소경(9:35-38), 마르다(11:27), 도마(20:28). 사마리아 사람들은 신에게만 쓰일 수 있는 "세상의 구주"(4:42)라는 칭호로 그를 불렀다. 주님 자신이 당신의 영원하심을 요한복음 8:58에서 확언하셨다. "진실로 진실로 너희에게 이르노니 아브라함이 나기 전부터 내가 있느니라." 사람들은 이 말 때문에 돌로 예수를 치려 하였는데, 그들은 이 말이 무엇을 의미하는지 알고 있었기 때문이다. "선한 일을 인하여 우리가 너를 돌로 치려는 것이 아니라 참람함을 인함이니 네가 사람이 되어 자칭 하나님이라 함이로라"(요 10:33).

이 세상이 창조되기 전에 예수 그리스도가 계셨다는 사실은 동정녀 탄생을 이해하는 데 도움을 준다(사 7:14, 마 1:18-25, 눅

1:26-38). 이 세상에 태어나는 모든 아기들은 이전에 존재하지 않았던 새로운 인간이다. 그러나 예수 그리스도는 세상이 존재하기 전에, 인간이 존재하기 전에 존재하셨다. 따라서 인간의 몸을 입으실 때, 정상적인 출생의 절차를 따르실 수 없었을 것이다. 무엇보다도 예수는 그의 어머니가 태어나기도 전에 이미 존재해 계셨던 분이 아니던가! 요셉은 유대 기록에 의하면 분명 예수 그리스도의 법적인 아버지였지만, 생물학적인 아버지는 아니었다. 예수 그리스도는 성령에 의해 마리아의 몸에 수태되었는데, 이것이 이미 존재하던 분이 인간으로서 이 세상에 오시는 방법이었기 때문이다.

다른 말로 하면, 예수는 어머니는 없으나 아버지(성부)와 함께 천국에 영원 전부터 계셨던 분이다. 그러나 이 세상에 와서는 어머니는 계셨으나 생물학적인 아버지는 계시지 않았다.

"창세 전"에 삼위일체 하나님께서는 초시간적 연합 가운데 계셨다. 찬송시인인 프레드릭 파버는 이것을 다음과 같이 표현했다.

> 시간과 공간을 넘어 외로이 홀로이시나
> 숭고하신 삼위
> 영원부터 영원까지 장엄하시며

일체 가운데 계신 유일하신 하나님
위엄 가운데 홀로시며 영광 가운데 홀로시라
누가 말할 수 있으랴 경외로우신
삼위일체의 신비를

  이 사실은 설명과 이해가 곤란하다. 그러나 이것은 진리이다. 만일 이것이 진리가 아니라면 예수 그리스도는 거짓말을 한 것이며, 성경은 허구이고, 이 우주는 출처를 알 수 없는 전자 입자들이 우연히 뭉쳐져 만들어진 덩어리이다.

2. 예수는 성부의 영광을 함께하고 계셨다.

  그는 이 말씀을 5절에서 하셨다. "아버지여 창세 전에 내가 아버지와 함께 가졌던 영화로써 지금도 아버지와 함께 나를 영화롭게 하옵소서." 히브리서 1:3은 이렇게 표현하고 있다. "이는 하나님의 영광의 광채시요 그 본체의 형상이시라." 사도 요한은 다음과 같이 증언하였다. "말씀이 육신이 되어 우리 가운데 거하시매 우리가 그 영광을 보니 아버지의 독생자의 영광이요 은혜와 진리가 충만하더라"(요 1:14).

우리가 이미 보았듯이, 하나님의 영광은 하나님 그분에 대한 총체적 표현이며 그분 성품의 표현이다. 하나님의 영광은 그가 가지고 계신 모든 것, 그의 모든 놀라운 속성들의 선언이다. 우리가 하나님의 영광이라는 개념을 제대로 이해하기 어려운 이유는, 지상에는 그와 같은 것이 전혀 없기 때문이다. "하늘이 하나님의 영광을 선포"(시 19:1)하는 것은 사실이지만, 죄가 하나님의 피조물들을 종 노릇 하게 하고 하나님으로부터 영광을 도둑질하였다는 것도 사실이다(롬 8:18-25). 시편 19편은 태양을 하나님의 영광을 나타내는 것으로 특별히 언급하고 있는데, 아마 우리가 그려 볼 수 있는 하나님의 영광에 가장 가까운 그림이 그것일 것이다. 태양의 광선이 태양 그 자체로부터 분리될 수 없듯이, 예수 그리스도는 하나님으로부터 분리될 수 없다. 왜냐하면 그는 하나님이시기 때문이다.

놀라운 것은 이것이다: 예수 그리스도를 구주로 믿는 사람들은 이 영광을 지금 소유하고 있으며(요 17:22), 언젠가는 하나님의 영광을 볼 것이며 하늘에서 그것을 함께 할 것이다(요 17:24). 하나님은 영화롭게 되기 위해서 사람이나 다른 무엇을 필요로 하지 않으신다. 그는 그 자체로 영화로우시며 영원히 자족하신 분이다. 그러나 은혜로써 그는 죄인들과 함께 그의 영광을 함께하시기로 한 것이다! 그리고 예수 그리스도는 하나님의 영광에 이르지 못하는 죄인들이(롬 3:23) 하나님의 영광을 받을 수 있도록 자신의 영광을 버리고 기꺼이 죽고자 하신 것이다.

3. 예수는 성부의 사랑을 받고 계셨다

그는 24절에서 이 말씀을 하셨다. "아버지께서 창세 전부터 나를 사랑하시므로…", "하나님은 사랑이심이라"(요일 4:8). 하나님이 그의 사랑을 인류에게 쏟아 부으시기 전에 하나님 삼위께서는 서로를 향한 그들의 온전한 사랑을 영광스러운 친교 가운데 표현하고 계셨다. 성경은 특별히 성자를 향한 성부의 사랑을 언급하고 있다.

예수께서 세례를 받으셨을 때, 성부는 그의 사랑을 다음과 같이 확증하셨다. "이는 내 사랑하는 아들이요 내 기뻐하는 자라"(마 3:17). 이는 예수께서 아이로, 소년으로, 청년으로 사신 나사렛에서의 삶에 대한 성부의 "하늘로부터의 인정"이었다. 주님이 열두 살 되던 해부터 서른 살에 이르기까지의 기간 동안 그가 마리아와 요셉에게 순종하며 정상적인 아이로서 성장해 갔다는 것 외에는(눅 2:51-52), 그가 무슨 말과 어떤 일들을 했는지에 대해서는 아무 기록이 없다. 그러나 성부는 예수가 세례 받으실 때, 성자께서 온전한 삶을 사셨으며 성부를 기쁘게 하는 삶을 사셨음을 분명히 하셨다.

성부는 예수께서 변화 산에 계실 때, 그의 사랑을 다시 한번 확증하셨다. "이는 내 사랑하는 아들이요 내 기뻐하는 자니 너희는 저의 말을 들으라"(마 17:5). 모세와 엘리야가 예수와 함께 그 산에 있었지만 성부는 그들에 대해서는 특별한 언급이 없으셨다. 베드로와 야고보와 요한도 거기 있었지만 그들을 인정하는 어떠한 목소리도 없었다. 성부의 특별한 사랑과 인정을 받으신 분은 유일하게 성자이신 예수 그리스도뿐이었다. 이것은 구세주께서 십자가를 대하셨을 때, 그에게 큰 격려가 되었을 것이 분명하다.

선지자들은 성자를 향한 성부의 사랑을 증언하였다. "보라 나의 택한 종 곧 내 마음에 기뻐하는 바 나의 사랑하는 자로다"(마 12:18, 사 42:1의 인용).

예수는 악한 농부들과 포도원의 비유(눅 20:9-18)에서 성부의 사랑을 암시하셨다. "포도원 주인이 가로되 어찌할꼬 내 사랑하는 아들을 보내리니 저희가 혹 그는 공경하리라 하였더니…"(13절).

사도 바울 역시 성자를 향한 성부의 영원한 사랑을 확언하였다. "우리로 하여금 빛 가운데서 성도의 기업의 부분을 얻기에 합당하게 하신 아버지께 감사하게 하시기를 원하노라. 그가 우리를 흑암의 권세에서 건져 내사 그의 사랑의 아들의 나라로 옮기셨으니"(골 1:12-13).

인간의 마음이 영원이라는 개념을 제대로 파악하기는 불가능하다. 우리는 초시간이나 초공간을 상상할 수 없다. "시간"과 "공간"은 우리의 삶이 질서를 유지하는 데 도움을 준다. 그러나 성부와 성자와 성령은 영원한 사랑을 나누며 영원 전부터 계셨던 분들이다. 만일 우리가 "삶"이라고 부르는 이 짧은 시간 속에서 사랑하는 사람들을 깊이 사랑하는 법을 배울 수 있다면, 그리고 우리가 죄인된 몸으로도 타인을 향한 사랑에서 자랄 수 있다면, 성부와 성자와 성령께서는 얼마나 완벽하고 무한하며 끊임없고 변화없는 사랑을 나누고 계셨을지 생각해 보라.

그리고 성부가 성자의 품을 떠나 증오받기 위해 이 세상에 오셨을 때, 그것이 어떤 의미였겠는가를 생각해 보라. 우리가 성자를 향한 성부의 영원한 사랑을 이해하려고 노력하면, 요한복음 3:16은 여전히 친숙하면서도 새로운 깊이의 의미를 띠게 될 것이다.

4. 성부는 그의 영원하신 뜻을 세우셨다

"곧 영원부터 우리 주 그리스도 예수 안에서 예정하신 뜻대로 하신 것이라"(엡 3:11). 에베소서 1:10-12에는 이(성부의) 뜻이 더 상세히 기술되어 있다. "하늘에 있는 것이나 땅에 있는 것이 다 그리스도 안에서 통일되게 하려 하심이라. 모든 일을 그 마음의 원대로 역사하시는 자의 뜻을 따라 우리가 예정을 입어 그 안에서 기업이 되었으니 이는 그리스도 안에서 전부터 바라던 우리로 그의 영광의 찬송이 되게 하려 하심이라."

하나님께서 만물에 대해 "영원부터 예정하신 뜻"을 가지고 계신 것은 성경적이면서도 논리적이다. 하나님이 진정 하나님이시라면 그는 다스리시는 분이다. 그는 자신의 본성과 별개로 일하실 수 없다. 이는 하나님이기를 멈추신 것을 의미하며, 따라서 불가능한 일이기 때문이다. 그는 지혜로우신 하나님이시다. 따라서 그의 영원하신 뜻도 지혜로우실 수밖에 없다. 그는 능력의 하나님이시다. 따라서 그가 뜻하신 바를 이루실 수 있다. 그는 사랑의 하나님이시다. 따라서 그의 뜻은 그의 사랑을 나타내게 될 것이다. 그는 변함없으신 하나님이시다. 따라서 그의 뜻도 변함이 없다.

하나님의 궁극적인 목적은 당신의 이름을 영화롭게 하는

것이다. "그의 은혜의 영광을 찬미하게 하려는…그의 영광의 찬송이 되게 하려…그의 영광을 찬미하게 하려…"(엡 1:6, 12, 14). 그는 모든 것을 "그리스도 안에서 통일되게" 하심으로써 이 일을 하실 것이다. 오늘날 죄는 분열과 파괴를 일삼지만, 그러나 하나님께서 역사를 주관하실 때 만물은 그리스도 안에서 통일되며 하나님께는 영광이 돌려질 것이다.

"미리 정하신 바" 혹은 "예정"과 같은 말들은 어떤 사람들을 두렵게 만들고 또 어떤 사람들에게는 상당히 잘못 이해되고 있기도 하다. "만일 하나님이 영원한 뜻을 가지고 계시다면 우리가 무슨 일을 하기 위해 신경쓸 필요가 무엇인가?" 어떤 사람들은 이런 질문을 던진다. "기도는 왜 하고, 선교사 파송은 왜 하는가? 결국 하나님은 그의 뜻을 이루실 것이 아닌가?" 그러나 하나님은 우리 없이 뜻을 이루시지 않는다. 하나님은 그의 교회 안에서 그리고 그의 교회를 통하여 그의 뜻이 이루어지도록 정해 놓으셨다(그리고 이는 놀라운 일이다). 왜 기도를 하는가? 기도는 하나님께서 우리 안에서 그리고 우리를 통해 당신의 뜻을 이루기 위해 정해 놓으신 방법 중 하나이기 때문이다. 왜 선교사를 파송하는가? 하나님께서 땅 끝까지 복음을 전하도록 명령하셨으며, 우리의 복종은 하나님께서 정하신 계획의 일부이기 때문이다. 하나님께서 "창세 전"에 영원하신 뜻을 세우심이 우리의 부주의와 불순종에 대한 변명이 될 수 없다. 그것은 순종과 경배를 위한 최고의 격려이다.

하나님의 영원하신 뜻은 운명론이 아니다. 오히려 그것은 사랑이 많으신 아버지의 온전하신 계획이다. 그리고 우리의 아버지께서는 너무나 우리를 사랑하시기 때문에 우리를 해치 않으신다. 그는 너무나 지혜로워서 실수가 없으시다.

"여호와의 도모는 영영히 서고 그 심사는 대대에 이르리로다"(시 33:11). "심사" – 마음의 계획 – 라는 말에 주목하라.

하나님의 영원하신 계획 중 하나는 인간에게 도덕적 자유를 부여하는 것임을 명심했으면 좋겠다. 신의 주권과 인간의 책임은 서로 상충되거나 모순되는 것이 아니다. 이 둘은 친구이지 적이 아니다. 우리는 이것을 헤아릴 수 없다. 우리는 하나님의 원대하신 뜻을 이해할 능력이 없는 마음을 지닌 시간의 피조물이기 때문이다. 그렇다고 우리가 그것을 믿을 수 없다거나 그것에 기반하여 행동할 수 없다는 것은 아니다. 일찍이 이 땅에 존재했던 가장 위대한 기독신학자는 다음과 같이 썼다. "깊도다 하나님의 지혜와 지식의 부요함이여, 그의 판단은 측량치 못할 것이며 그의 길은 찾지 못할 것이로다"(롬 11:33). 하나님의 영원하신 계획에 관해 생각하면서 사도 바울이 자신의 머리로는 이해할 수 없음을 인정했다면, 당신과 나에게는 어떻겠는가?

하나님의 영원하신 계획은 기도를 낙담시키는 것이 아니라 격려하는 것이다. 적어도 초대 교회는 이것을 알았다. 사도행전 4:24-31의 말씀을 읽고 하나님의 주권에 대한 그들의 믿음에 주목해 보라. "하나님의 권능과 뜻대로 이루려고 예정하신 그것을 행하려고 이 성에 모였나이다"(행 4:28). 갈보리는 실수나 사건이 아니었다. 그것은 하나님의 영원하신 계획 중 일부였다.

"그렇다면 하나님은 왜 이런 식으로 그의 계획을 세우셨는가?" 하고 물을 수 있을 것이다. 왜냐하면 그분의 계획이 가장 좋은 것이기 때문이다. 하나님께서는 가장 좋은 것보다는 못한 그런 계획은 세우실 수 없다. 하나님의 계획 중에는 우리가 이해할 수 없는 것도 있다. 그러나 우리는 마태복음 11:26에서 우리 주님이 말씀하신 믿음의 확증에 동의한다. "옳소이다 이렇게 된 것이 아버지의 뜻이니이다." 그리고 만일 우리 중 하나가 하나님께서는 우리의 조언을 필요로 하신다는 생각을 가지고 있다면, 그는 바울의 말에 귀를 기울일 필요가 있다. "누가 주의 마음을 알았느뇨 누가 그의 모사가 되었느뇨"(롬 11:34). 하나님께서는 당신의 위대한 계획을 짜시면서 우리의 도움을 필요로 하지 않으신다. 그 계획에 대한 우리의 비평을 필요로 하지도 않으신다. 그러나 그는 이 세상에서 그의 뜻을 이루는 특권을 우리와 나누기를 원하신다.

하나님의 계획은 성공할 것인가? 물론이다! "내가 말하였은즉 정녕 이룰 것이요 경영하였은즉 정녕 행하리라"(사 46:11). "하나님을 사랑하는 자 곧 그 뜻대로 부르심을 입은 자들에게는 모든 것이 합력하여 선을 이루느니라"(롬 8:28)고 하신 것도 이 영원하신 계획에 근거해서이다.

5. 성부께서는 구원받을 사람들을 택하셨다

이것은 물론 하나님의 영원하신 뜻의 일부이다. "곧 창세 전에 그리스도 안에서 우리를 택하사"(엡 1:4). "하나님이 우리를 구원하사 거룩하신 부르심으로 부르심은 우리의 행위대로 하심이 아니요 오직 자기 뜻과 영원한 때 전부터 그리스도 예수 안에서 우리에게 주신 은혜대로 하심이라"(딤후 1:9). "영생의 소망을 인함이라 이 영생은 거짓이 없으신 하나님이 영원한 때 전부터 약속하신 것인데…"(딛 1:2).

하나님은 선행이나 인간적 장점 때문에 어떤 사람을 구원하기로 정하지 않으셨다. 구원은 전적으로 은총에 의한 것이다(엡 2:8-9). 하나님의 주권적 선택은 그분 자신의 신적 계획에 기반하고 있다. 하나님은 어느 죄인이든 구원해야 할 의무가 있는 분이 아니다. 그의 예정의 은총은 그의 영원하신 사랑의 표현이다. 여기에는 분명 우리가 이해할 수 없는 신비가 있다. 이 신비를 두고 논쟁하는 것은 실생활의 경건을 위해 도움이 되지 못한다. "오묘한 일은 우리 하나님 여호와께 속하였거니와 나타난 일은 영구히 우리와 우리 자손에게 속하였나니…"(신 29:29).

신적 주권이 인간의 책임을 부정하는 것이 아님을 기억하는 것이 중요하다. 하나님께서 영원 전에 정하신 것은 제시간에 맞춰 실행되어야만 한다. 우리는 "처음부터 구원을 얻게 하기 위해 택하심을" 입었을 것이다. 그러나 우리는 또한 복음을 설교한 사람들을 통하여 부르심을 입었다(살후 2:13-14). 목적(죄인의 구원)을 정하신 그 하나님께서 목적에 이르는 방법 또한 정하셨다. 이것이 바로 기도요 복음 증거이며, 선행과 은사의 사용인 것이다.

6. 성자는 죄인들을 위하여 죽기로 언약하셨다

갈보리는 예기치 못한 사태에 직면하여 좌절하신 하나님이 고안해 내신 뒷 궁리나 미봉책이 아니었다. 갈보리는 하나님의 영원하신 뜻의 일부였다. 베드로는 그의 권능에 찬 오순절 설교에서 "그가 하나님의 정하신 뜻과 미리 아신 대로 내어 준 바 되었거늘…"(행 2:23)이라고 확실히 말하였다. 주님 자신이 제자들에게 이런 말씀을 하셨다. "인자는 이미 작정된 대로 가거니와"(눅 22:22) 어린양은 "창세 전부터 미리 알리신 바 된 자"(벧전 1:20)였다. 우리 주님은 요한복음 17장의 기도를 드리실 때, 십자가를 이미 완성된 사역으로 보고 계셨다. "아버지께서 내게 하라고 주신 일을 내가 이루어 아버지를 이 세상에서 영화롭게 하였사오니…." 이것은 어떤 종류의 일이었는가? 우선 그것은 맡겨진 일이었다. 성부 하나님께서 성자에게 이 임무를 맡기셨다. 성자께서 세상의 죄를 위하여 죽는 것은 "영원한 언약"(히 13:20-21)의 일부였다. 하나님 삼위는 서로 동등하신 것이 사실이지만, 구원 계획에서 삼위께 각각 주어진 일이 있는 것도 사실이다. 에베소서 1:1-14에 의하면 성부께서 우리를 선택하시고, 성자께서 우리를 사시고, 성령께서 우리를 인치셨다. 우리는 "하나님 아버지의 미리 아심을 따라 성령의 거룩하게 하심으로 순종함과 예수 그리스도의 피 뿌림을 얻기 위하여 택하심"(벧전 1:1-2)을 입었다.

주께서 자신이 맡으신 일을 밝혀 가시는 과정을 성경에서 추적해 보는 것은 재미있는 일이다. 구세주가 탄생하셨을 때, 그의 증언은 다음과 같았다. "하나님이여 보시옵소서 두루마리 책에 나를 가리켜 기록한 것과 같이 하나님의 뜻을 행하러 왔나이다"(히 10:7). 열두 살이 되었을 때 예수는 성전에 있는 자신을 찾은 마리아와 요셉에게 다음과 같이 말씀하셨다. "어찌하여 나를 찾으셨나이까 내가 내 아버지 집에 있어야 될 줄을 알지 못하셨나이까"(문자 그대로는 "내 아버지의 일에").

예수는 제자들에게 이렇게 말씀하셨다. "나의 양식은 나를 보내신 이의 뜻을 행하며 그의 일을 온전히 이루는 이것이니라"(요 4:34). "내가 하늘로서 내려온 것은 내 뜻을 행하려 함이 아니요 나를 보내신 이의 뜻을 행하려 함이니라"(요 6:38-39). 자신의 생명을 기꺼이 십자가에 내놓았을 때, 그는 "다 이루었다"(요 19:30)고 말씀하셨다.

오직 예수 그리스도만이 이 임무를 받아들여 성공적으로 끝내실 수 있었다. 위대한 구원의 사역은 온전한 제물, 흠 없는 하나님의 어린양을 요구하였다. 우리를 향한 사랑으로 예수 그리스도는 이 임무를 받아들이셨고 성공적으로 완수하셨다.

그가 하신 일은 완성된 일이다. 어느 것도 거기에 덧붙여질 필요가 없으며, 분명 어느 것도 감히 거기서 제해질 수 없다. 주님께서 십자가에서 돌아가셨을 때, 성소 휘장이 위로부터 아래로 찢어졌다(마 27:51). 그것은 모세 율법의 끝을 선언하는 것이었다. 왜냐하면 "율법은 아무것도 온전케"(히 7:19) 못하기 때문이다. 그것은 또한 유대 제사장직의 종말을 고하는 것이기도 하였다. 왜냐하면 제사장직은 어떤 죄인도 하나님 앞에서 온전하게 할 수 없었기 때문이다(히 7:11). 그것은 제사의 종언을 선언하였다. 제사가 사람을 온전하게 하지는 못하기 때문이다(히 9:9, 10:1).

우리 주님은 십자가에서 구속 사역을 완수하시고 하늘로 올라가 좌정하셨다. 구약의 제사장들은 성소에서 앉지 않았다. 그들의 일이 아직 끝나지 않았기 때문이다. "오직 그리스도는 죄를 위하여 한 영원한 제사를 드리시고 하나님 우편에 앉으사"(히 10:12) "저가 한 제물로 거룩하게 된 자들을 영원히 온전케 하셨느니라"(히 10:14). "영원히"라는 말은 원래 그리스어에서 "영속하는, 영구한, 끊임없는, 영원한"이라는 뜻이다.

구속 사역이 완수되었기 때문에, 죄인들이 해야 하는 일은 그것을 믿고 자신들을 위하여 그것을 받아들이는 것이다. 그의 일은 맡겨진 일이었으며 완수된 일이다. 그러나 그것은 또한 영광스러운 일이기도 하다. "아버지께서 내게 하라고 주신 일을 내가 이루어 아버지를 이 세상에서 영화롭게 하였사오니…" 물론 예수께서 하신 모든 일이 영화로우시다. 떡을 떼고 아이를 안아 주는 등의 일상적인 행동들도 영화로운 일이었다.

주님이 베들레헴에서 태어나셨을 때 천사들이 이 사건을 목자들에게 알렸다. "주의 영광이 저희를 두루 비취매"(눅 2:9). "우리가 그 영광을 보니"(요 1:14)라고 요한은 고백하였다. 우리 주님의 십자가 상의 죽음조차 하나님의 영광의 빛 안에서 보게 된다. "인자의 영광을 얻을 때가 왔도다"(요 12:23).

죄는 인간에게서 하나님의 영광을 빼앗아 갔다. "모든 사람이 죄를 범하였으매 하나님의 영광에 이르지 못하더니"(롬 3:23). 인간(육체)의 영광은 지속되지 않는다. "모든 육체는 풀과 같고 그 모든 영광이 풀의 꽃과 같으니"(벧전 1:24). 위대한 남자와 여자들은 왔다가 사라지고 어제의 영웅들이 오늘에는 잊힌다. 인간의 영광은 항상 과거 시제로 존재할 뿐이다. 로마의 영광이나 그리스의 영광이 그런 것처럼.

구속의 목적은 하나님의 영광이다. 삶의 변화와 가족의 회복 등 축복받은 구속의 부산물도 많이 있다. 이 모든 것의 궁극적인 목적은 하나님의 영광이다. 주님은 이 땅에서 많은 놀라운 일들을 행하셨는데, 이 모든 일은 하나님의 영광을 드러내었다(요 2:11). 그러나 그가 하신 가장 위대하고 가장 영광스러운 일은 십자가에서 완수된 구속 사역이었다. 이 영화로운 사역은 세상이 창조되기 전에 계획된 것이다.

이 장의 앞에서 인용된 구절에는 심오한 진리가 담겨 있다. 우리가 인간의 마음과 정신을 가지고 "창세 전"에 있었던 일을 생각하고 묵상한다면 곧 우리의 한계를 발견하게 된다. 이 진리들은 우리가 논쟁하도록 주어진 것이 아니고 복종하고 경배하도록 주어졌다. 우리가 하나님의 영원하신 계획이라는 것의 의미를 어느 정도 깨달았음을 증명해 주는 것은 똑똑한 머리가 아니라 불타는 가슴이다.

5 제자도

> 세상 중에서 내게 주신 사람들에게 내가 아버지의 이름을 나타내었나이다. 저희는 아버지의 것이었는데 내게 주셨으며 저희는 아버지의 말씀을 지키었나이다. 지금 저희는 아버지께서 내게 주신 것이 다 아버지께로서 온 것인 줄 알았나이다. 나는 아버지께서 내게 주신 말씀들을 저희에게 주었사오며 저희는 이것을 받고 내가 아버지께로부터 나온 줄을 참으로 아오며 아버지께서 나를 보내신 줄도 믿었사옵나이다.
>
> 요한복음 17:6-8

　제자도는 오늘날의 교회에서 인기 있는 주제이다. 거의 모든 사람이 누군가를 제자 훈련하는 것처럼 보인다. 영어판 신약성경에서 "제자"(disciples)라고 번역된 단어는 264번 등장하는데, 네 복음서와 사도행전에서만 발견된다. "제자 훈련하다"라는 뜻의 동사가 서신서와 요한계시록 18곳에서 발견되기는 하지만, 서신서에서는 신자들이 "제자들"이라고 불린 적이 없다.

신약성경 시대에 "제자"란 어떤 주제나 직업의 이론과 실제를 배우기 위해 스승에게 묶여 있는 사람이었다. 아마 가장 가까운 뜻의 현대어는 "도제"(apprentice)가 아닐까 싶다. 진정한 제자는 책으로부터 배우는 학생이 아니었다. 제자는 스승을 보고 스승에게 복종하고, 실제 생활로부터 배우는 실천가였다. 종종 제자는 스승과 함께 살면서 스승의 일상 경험을 나누었다. 단지 학문적인 이론을 배우는 것으로는 부족하였다. 그는 이론을 수용 가능한 실천으로 옮길 수 있어야 했다.

나는 내가 목회하던 교회에서 제자도 프로그램을 세웠던 때를 기억한다. 우리들의 지도자는 신중하게 15명가량의 사람을 뽑아서 일주일에 한 번씩 그와 만나도록 하였다. 처음 만남에서 그는 과정에 대해 설명했고 자료를 나누어 주었으며 첫 번째 과제물을 주었다. 그룹의 몇몇 사람들은 성경을 읽고 책에 있는 공란을 채우는 것 이상의 일을 해야 한다는 것을 알고는 놀라워했다. 이 과정은 성경을 암송하고, 가정을 방문하고, 불신자들에게 증언하고, 그 도시의 사람들과 교회의 사역을 나누는 일을 하도록 하였다. 이것은 너무나 많은 일이었으므로 그들은 조용히 떨어져 나갔다. 그러나 남아 있던 사람들은 영적으로 성장하고 효과적인 개인 사역을 개발하기 시작하였다.

우리가 공부하는 구절에서, 주님은 그의 제자들이 경험하는 단계들을 요약해 보여 주셨다.

1. 그들은 아버지께 속하였다

"저희는 아버지의 것이었는데 내게 주셨으며"(요 17:6). 우리는 이미 믿는 사람 각자 성부께서 성자에게 주신 "사랑의 선물"이라는 심오한 진리에 대해 생각해 보았다. 이제 우리는 주께서 "저희는 아버지의 것이었는데"라고 말씀하실 때 의미하신 바가 무엇이었는지를 생각해 보아야 한다. 어떤 의미에서 최초의 제자들은 아버지께 속하였는가? 무엇보다도 명백해 보이는 사실은 창조에 의해서 그들이 아버지께 속하였다는 것이다. 바울은 희랍 철학자들에게 "우리가 그를 힘입어 살며 기동하며 있느니라"(행 17:28)고 하였다. 욥도 같은 진리를 말하였다. "생물들의 혼과 인생들의 영이 다 그의 손에 있느니라"(욥 12:10). 그의 손이란 물론 하나님의 손을 가리킨다. 다니엘이 사악한 벨사살 왕에게 회개해야 함을 경고하는 데 사용한 진리도 같은 것이다. "왕의 호흡을 주장하시고 왕의 모든 길을 작정하시는 하나님께는 영광을 돌리지 아니한지라"(단 5:23).

우리는 피조물이고 하나님은 창조주이시므로 우리는 하나님을 필요로 한다. 인간이 피조물로서 하나님께 의지하여 있음을 인정하기를 거절하였을 때, 인간은 자신을 하나님으로 과대평가하기 시작하였다. 인간 타락의 슬픈 기록을 공부하고자 한다면 로마서 1:18-32을 읽어 보라. 오늘날 인류는 창조주가 아니라 피조물을 섬기고 경배한다. 그렇기 때문에 세상이 이토록 혼란스러운 것이다. 인간은 하나님처럼 굴고 있지만 하나님이 하시는 일을 할 수는 없다.

제자들은 창조를 통해서만이 아니라 유대 국가에 소속됨을 통하여 아버지께 속하여 있었다. 그들은 계약의 후손들이었다. 그들은 하나님께서 자신을 위하여 선택하신 지구 상의 유일한 나라에서 태어났다. 욥바에 있는 한 집의 지붕에서 베드로가 한 말은 그가 여전히 "전통 유대 가정"을 고집하고 있었음을 분명히 보여 준다. "주여 그럴 수 없나이다 속되고 깨끗지 아니한 물건을 내가 언제든지 먹지 아니하였삽나이다"(행 10:14). 로마의 새 정책이 교회를 이스라엘로부터 갈라놓기 전까지 초기 유대 크리스천들은 회당에 빈번히 출입하였고, 전통적인 유대 연회에 참석하기도 하였다.

그들이 성부께 속한 세 번째 이유는 그들이 "창세 전"에 성부께서 성자와 함께 만드신 영원한 계약의 일부였다는 것이다. 이 유대인들은 모르고 있었지만 성부는 세상이 기초되기 전에 그리스도 안에서 그들을 택하셨고(엡 1:4), 그들은 구세주에 대한 성부의 "사랑의 선물"의 일부가 될 것이었다. 그들에게는 알려지지 않았지만, 성자는 그들의 죄를 위하여 십자가에서 죽도록 약속되어 있었다. 하나님께서는 "지혜롭고 슬기 있는 자들에게는" 숨기시고 그의 은총을 어린 아이들에게 나타내실 것이었다(마 11:25). 적절한 종교 체제를 갖추고 있던 자신만만한 바리새인들은 스스로를 죄인으로 볼 만큼 낮추려고 하지 않을 것이었다. 그 결과로 그들은 정죄될 것이었다.

"저희는 아버지의 것이었는데"라는 구절은 제자가 되도록 그들이 준비되어 있었음을 나타낸다. 성부께서는 그들의 출생과 성장, 그리고 그들의 개인적 발전을 준비해 놓으셨다. 시편 139:13-16은 우리에게 성부께서 아기의 수정과 모태 안에서의 성장을 책임지고 계시다는 것을 가르쳐 준다. 역시 놀라운 일이지만, 이 구절은 또한 우리를 위하여 "정한 날"이 이미 하나님의 책에 기록되어 있음을 가르쳐 준다. 운명론이라고 할 것인가? 물론 아니다! 결정론인가? 역시 아니다. 이것은 단지 우리를 위해 최선이 무엇인지를 항상 아시는 사랑 많으신 아버지의 온전하신 계획이다. 우리가 유전적으로 물려받은 것은 인간적 우연이 아니다. 그것은 하나님의 예정이다. 여러 면에서 우리가 부족한 것을 발견하기도 하지만, 우리 자신을 있는 그대로 하나님께 드릴 수 있으며 하나님께서는 그의 신적 계획을 완성하시는 일에 하나님의 영광을 위해 우리를 사용하실 것임을 우리는 알고 있다.

2. 성부는 성자에게 말씀을 주셨다

"내가 내 자의로 말한 것이 아니요"라고 예수는 말씀하셨다. "나를 보내신 아버지께서 나의 말할 것과 이를 것을 친히 명령하여 주셨으니"(요 12:49). 그는 유대인들에게 다음과 같이 말씀하셨다. "내 교훈은 내 것이 아니요 나를 보내신 이의 것이니라"(요 7:16). 우리 주님은 아버지와 말씀하시고 아버지의 말씀에 귀를 기울이시곤 하였다. "내가 그에게 들은 그것을 세상에게 말하노라"(요 8:26). "아버지께서 가르치신 대로 이런 것을 말하는 줄도 알리라"(요 8:28). "나는 내 아버지에게서 본 것을 말하고"(요 8:38). 위에 열거된 것과 같은 구절들은 예수께서 이 땅에서 사역하실 때 성부와 성자 간에 존재했던 친밀한 교제를 부분적으로나마 이해할 수 있도록 우리를 돕는다. 이것은 왜 주님이 기도하기 위해 이른 아침에 일어나셨으며, 왜 때때로 군중으로부터 떨어져 계셨는지 설명해 준다. 선지자 이사야는 메시아와 관련한 그의 예언에서 이러한 교제를 묘사한 아름다운 그림을 보여 주고 있다. "주 여호와께서 학자의 혀를 내게 주사 나로 곤핍한 자를 말로 어떻게 도와줄 줄을 알게 하시고 아침마다 깨우치시되 나의 귀를 깨우치사 학자같이 알아듣게 하시도다. 주 여호와께서 나의 귀를 열으셨으므로 내가 거역지도 아니하며 뒤로 물러가지도 아니하며"(사 50:4-5).

성부는 성자에게 말씀을 주셨는데, 그 말씀은 바로 제자들이(그리고 다른 사람들이) 꼭 들어야 할 말씀이었다. 이 말씀을 가지고 성자는 어떤 일을 하셨는가?

3. 성자는 제자들에게 말씀을 주셨다

"나는 아버지께서 내게 주신 말씀들을 저희에게 주었사오며"
(요 17:8).

성자께서 그들에게 성부를 보이신 것은 이 말씀들을 통해서이다. "세상 중에서 내게 주신 사람들에게 내가 아버지의 이름을 나타내었나이다"(요 17:6). 여기서 "이름"이란 하나님의 본성, 하나님의 성품을 뜻한다. 하나님의 인격을 우리에게 드러내는 것은 하나님의 말씀이다. 하나님께서는 자연과 세상에 있는 신적 섭리의 활동들 안에서 자신을 드러내셨지만, 그의 아들을 통해서 우리에게 주신 말씀 안에서 더 온전하고 분명하게 자신을 드러내셨다.

이 시점에서 우리는 자신에게 이런 질문을 던져야 한다. "요한복음 17장은 하나님의 말씀에 관해 우리에게 무엇을 가르치는가?" 한 가지 가르침은 하나님의 말씀은 그 기원이 신적이라는 것이다. 예수께서 이 땅에서 말씀하실 때, 그 말씀은 하늘로부터 그에게 주어진 말씀이었다. 하나님의 거룩한 사람들은 말씀을 적었을 때 하나님의 성령에 감동을 받았다(딤후 3:13-17, 벧후 1:20-21). 구약의 선지자들은 이렇게 말하였다. "그러므로 주께서 말씀하시기를!" 주님은 이 땅에서 사역하실 때 성경을 보증하셨다. 그는 구약의 진리와 권위를 확증하시는 방법으로 구약의 말씀들을 인용하셨다. 그는 성령께서 복음서의 저술을 도울 것이라고 약속하셨다(요 14:26). 같은 성령께서 신자들을 진리로 인도하실 것이며, 이는 서신서의 저술과 관계가 있다. 성령께서는 또한 "장차 올 일들"을 밝히실 터인데 이는 요한계시록을 지칭한다(요 16:13).

예수께서 하나님의 말씀을 "진리"라고 부르셨다는 사실이 말씀의 신적 기원의 증거이다. 성경은 단지 옳은 것만이 아니다. 그것은 참된 것들의 정수인 진리이다. 이는 하나님의 말씀이 무엇을 선포하시든 간에 우리가 말씀을 신뢰할 수 있음을 보여 준다. "그러므로 내가 범사에 주의 법도를 바르게 여기고 모든 거짓 행위를 미워하나이다"(시 119:128). 하나님의 말씀은 감동으로 되었을 뿐 아니라 오류가 없다.

말씀은 하나님으로부터의 선물이다. 이는 8절과 14절에 언급되어 있다. 말씀은 하나님을 찾으려는 인간의 시도를 기록한 것이 아니다. 하나님께서 죄인들을 찾아 구하시기 위해 하신 모든 일들에 관해 인간을 대상으로 한 기록이다. 우리가 말씀을 얻기 위해 치러야 할 대가를 하나님께서 치르셨기 때문에 하나님의 말씀은 선물이다. 하나님의 말씀의 비용을 결코 과소평가하지 말라. 하나님께서 대가를 지불하셨고, 성령께서 쓰신 사람들이 또한 대가를 지불하였다. 우리가 하나님의 말씀을 귀한 선물로 여기고 감사하지 않는다면, 우리는 또한 그것을 영혼의 양식으로 그리고 우리 삶의 지침으로 여기고 감사하지 않게 될 것이다. 말씀은 믿음을 일으킨다. "아버지께서 나를 보내신 줄도 믿었사옵나이다"(8절). "그러므로 믿음은 들음에서 나며 들음은 그리스도의 말씀으로 말미암았느니라"(롬 10:17). 복음주의자인 무디는 다음과 같은 말을 하였다. "나는 성경을 덮고 믿음을 위해 기도해야 한다는 생각을 했다. 그러나 내가 믿음을 얻는 것은 말씀을 공부하는 데 있다는 것을 알게 되었다."

하나님의 말씀은 "믿음의 말씀"(롬 10:8)이라고 불린다. 말씀은 우리에게 믿음을 요구할 뿐 아니라 그 자체에 내재된 능력으로 믿음을 창조한다. "대저 하나님의 모든 말씀은 능치 못하심이 없느니라"(눅 1:37). 이 진리는 예수께서 행하신 기적에서 종종 보인다. 손이 마른 자는 손을 펴라는 명령을 받았다. 그가 할 수 없었던 일이었으나 그는 그것을 해내었다. 걸을 수 없었던 중풍 환자는 걸으라는 명령을 받았고 그는 걸었다. 하나님의 명령은 또한 할 수 있게 하시는 하나님의 능력이다. "하나님의 말씀은 살았고 운동력이 있어…"(히 4:12).

말씀은 또한 우리에게 그리스도를 드러낸다. "지금 저희는 아버지께서 내게 주신 것이 다 아버지께로서 온 것인 줄 알았나이다"(7절). "아버지께서 나를 보내신 줄도 믿었사옵나이다"(8절). 하나님의 아들을 드러내는 것은 하나님의 말씀이다. 예수는 이렇게 말씀하셨다. "이 성경이 곧 내게 대하여 증거하는 것이로다"(요 5:39). "이에 모세와 및 모든 선지자의 글로 시작하여 모든 성경에 쓴 바 자기에 관한 것을 자세히 설명하시니라"(눅 24:27).

성경은 예수 그리스도라는 사람과 그가 성부께서 보내신 구주라는 것을 드러낸다. 그리고 그리스도의 부요함, 성부께서 성자에게 주셔서 우리와 함께 누리도록 하신 모든 것을 드러낸다. "예수는 아버지께서 모든 것을 자기 손에 맡기신 것과…"(요 13:3). 말씀을 읽고 공부하는 것과 우리가 예수 그리스도 안에서 얼마나 부요한지를 발견하는 것은 우리의 특권이다.

마지막으로, 말씀은 우리에게 확신을 주신다. 제자들은 예수가 하나님의 아들이시라는 것을 알았다. 그들은 예수가 하나님으로부터 이 땅에 오셨다는 것을 이해했다. 그들 자신의 증언은 다음과 같다. "우리가 지금에야 주께서 모든 것을 아시고 또 사람의 물음을 기다리시지 않는 줄 아나이다. 이로써 하나님께로서 나오심을 우리가 믿삽나이다"(요 16:30). 나는 종종 구원의 확신이 부족한 사람들을 면담하곤 하였다. 대개의 경우 나는 그들에게 하나님의 말씀을 특별히 요한복음이나 요한일서를 읽도록 권하였다. 그리고 대부분 말씀의 확신이 그들의 생각과 마음을 잡아 주심에 따라 의심과 공포가 사라졌다. 수가성의 사마리아 사람들처럼, 그들은 말씀을 통해서 그리스도와의 첫 만남을 가졌다. "그 여자에게 말하되 이제 우리가 믿는 것은 네 말을 인함이 아니니 이는 우리가 친히 듣고 그가 참으로 세상의 구주신 줄 앎이니라 하였더라"(요 4:42).

우리는 제자들의 영적 경험에서 세 단계를 보았다: 그들은 성부에게 속하였다; 성부는 성자에게 말씀을 주셨다; 성자는 제자들에게 말씀을 주셨다.

4. 제자들은 말씀을 받았고 믿었다

하나님의 말씀은 씨앗과도 같다. 뿌리를 내리고 열매를 맺기 위해서는 마음밭에 받아들여져야 한다(눅 8:4-15). 하나님께서는 말씀을 위하여 심령을 준비해 두시지만(행 16:14-15), 우리는 하나님의 말씀을 싫어하여 마음을 강팍하게 할 수 있다(히 3:7-19). "그러므로 너희가 어떻게 듣는가 스스로 삼가라"(눅 8:18). 우리가 성경을 대하는 태도가 곧 우리가 예수 그리스도를 대하는 태도이다. 왜냐하면 그리스도는 살아계신 말씀이고(요 1:1, 14), 성경은 기록된 말씀이기 때문이다. 어떤 아버지가 아들의 말에 귀를 기울이지 않는다면, 그 아버지는 그의 아들이 그에게 중요하지 않다는 것을 인정하고 있는 것이다.

우리가 하나님의 말씀을 무시하거나 소홀히 한다면, 혹은 말씀을 부주의하게 대한다면, 우리는 하나님이 우리의 삶에 중요하지 않다는 것을 하나님께 인정하는 것이다.

"이러므로 우리가 하나님께 쉬지 않고 감사함은 너희가 우리에게 들은 바 하나님의 말씀을 받을 때에 사람의 말로 아니하고 하나님의 말씀으로 받음이니 진실로 그러하다 이 말씀이 또한 너희 믿는 자 속에서 역사하느니라"(살전 2:13).

제자들은 분명 실수를 저지르기도 하고 때로는 예수가 말씀하시는 것을 제대로 파악하지 못하였다. 그러나 그럼에도 불구하고 그들은 예수께서 가르치신 것을 하나님의 말씀으로 존경했고 받아들였다. 말씀의 의미와 능력을 그들이 깨닫는 것은 한참 뒤인 경우가 종종 있었지만, 이 말씀의 어느 것도 허비되지 않았다(요 2:17, 22와 12:16 참조). 우리가 말씀을 필요로 할 때면 하나님의 성령께서 우리에게 말씀을 기억나게 해주실 수 있기 때문에 말씀은 허비되지 않는다(요 14:26).

내가 주일학교와 중·고등부 학생이었을 때는 우리가 공부하고 때로는 암송했던 성경 말씀을 모두 이해하지는 못했다. 그러나 씨앗이 나의 마음에 뿌려졌다. 내가 열 여섯의 나이에 크리스천이 되었을 때, 성경에 담긴 진리들을 나에게 가르치시기 시작하였다. 말씀 중 그 어느 것도 허비되지 않았다. 나는 오늘날 사역을 하면서 내가 설교하고 글을 쓰고 증언할 때 성령께서 주시는 것들에 놀라움을 느낀다. 그는 우리 마음의 보고에서 "새 것과 옛 것"을 가져오실 수 있다.

효과적인 제자도는 하나님의 말씀에 가까이 주목하는 것에 달려 있다. 하나님의 성령은 말씀으로부터 우리를 가르치시고, 말씀을 신뢰하고 말씀에 따라 살도록 강요하는 상황으로 우리의 삶을 인도하신다. 인생이란 시험을 치른 후에 교훈이 무엇이었는지 배울 수 있는 학교와 같다는 말이 있다. 예수는 제자들을 가르치신 후에 일하도록 그들을 보내셨다. 그들은 돌아와서 사역을 보고하고 그들이 잊었던 교훈들을 다시 배웠을 것이다. 예수께서는 그들이 배운 것을 증명한 연후에야 새로운 진리를 나누어 주시고자 하였다.

예수께서 세상에 계실 때 제자들과 말씀을 나누셨던 것처럼, 그의 영에 의해서 우리와 말씀을 나누고 계신다(요 16:12-15). 신적인 관계는 한 번에 그리고 영원히 이루어졌기 때문에 성령은 새로운 관계를 주시지 않는다. 그러나 우리에게 새 진리와 옛 진리의 새로운 적용을 보여 주실 때 신적이 조망을 제공해 주신다. 성경을 공부하는 크리스천들은 진리를 찾아 헤매는 것이 아니라 진리 속으로 찾아 들어가는 것이다.

5. 제자들은 말씀을 지켰다

"저희는 아버지의 말씀을 지키었나이다"(6절). "지켰다"는 단어는 "순종하였다"는 것을 뜻한다. 그들은 말씀을 받아서 그것을 믿었고 말씀에 따라 행하였다. 말씀을 감사히 여기고 존경하는 마음으로 붙들고 있는 것만으로는 부족하다. 우리는 그것을 적용해야만 한다. 무디는 "예수께서 하찮은 명령을 내리셨다고 생각해서는 절대 안 된다"고 하였다. "그가 명령하신 어떤 것도 하찮게 여겨서는 안 된다." 진정한 제자는 배우는 사람 그 이상이다. 그는 자신이 배운 것을 삶으로 사는 사람이다. 우리가 영적으로 자라는 것은 성경을 배움으로써가 아니라 하나님께서 우리에게 가르치신 것을 행함으로써이다. "너희는 도를 행하는 자가 되고 듣기만 하여 자신을 속이는 자가 되지 말라"(약 1:22).

"지키다"라는 말은 또한 "보호하다"라는 의미를 수반한다. 제자들은 말씀을 보호하였다. 그것은 그들에게 귀한 보물이었다. "주의 입의 법이 내게는 천천 금은보다 승하니이다"(시 119:72). "그러므로 내가 주의 계명을 금 곧 정금보다 더 사랑하나이다"(시 119:127). "사람이 많은 탈취물을 얻은 것처럼 나는 주의 말씀을 즐거워하나이다"(시 119:162).

나는 때때로 열심이 많은 어떤 크리스천들이 오늘날 말씀을 보전하는 데만 열중한 나머지 말씀에 순종하는 것은 잊고 지내지 않는가 하는 느낌을 받을 때가 있다. 그들은 고발과 공격이라는 "거룩한 십자군 전쟁", 반드시 진리에 기반하거나 사랑의 동기에서 출발한 것은 아닌 십자군 전쟁에 의해 하나님께 봉사하고 있다고 생각한다.

나는 우리 교회 건물의 계단에 서서 특정 학교와 설교자들을 정죄하는 물건들을 나누어 주던 한 젊은이를 슬픈 마음으로 회상한다. 나는 그에게 왜 잃어버린 영혼들에게 복음을 나누어 주지 않느냐고 물었다. 우리가 그에게 예배를 드리기 위해 들어오든지 아니면 교회 건물에서 떠나 달라고 부탁하자 그는 이렇게 소리쳤다. "나는 투쟁 중인 근본주의자요. 나는 누가 알아주는 것은 개의치 않습니다. 당신들은 진리를 설교하고 있지 않소!" 나는 믿음을 방어하고자 하는 신자들에게는 감사하지만, 그의 호전적인 태도는 복음을 조롱거리로 만들었다. 성경을 지키는 가장 좋은 방법은 성경대로 실천하는 것이다.

제자들은 예수 그리스도를 사랑했기 때문에 말씀을 지켰다. 예수는 말씀하셨다. "사람이 나를 사랑하면 내 말을 지키리니 내 아버지께서 저를 사랑하실 것이요 우리가 저에게 와서 거처를 저와 함께하리라. 나를 사랑하지 아니하는 자는 내 말을 지키지 아니하나니"(요 14:23-24). 사랑의 동기에서 출발한 순종과 신앙은 하나님을 영화롭게 하고 교회를 세울 것이다. 순종하는 크리스천과 성부와 구세주 사이에는 깊고도 만족스러운 친교가 있다. "저를 아노라 하고 그의 계명을 지키지 아니하는 자는 거짓말하는 자요 진리가 그 속에 있지 아니하되 누구든지 그의 말씀을 지키는 자는 하나님의 사랑이 참으로 그 속에서 온전케 되었나니"(요일 2:4-5).

사랑으로부터 출발하지 않은 순종은 하나님께서 그의 자녀들로부터 원하시는 영적 열매를 거둘 수 없다. 우리가 두려움(하나님이 나를 벌하실지 모른다)이나 욕심(내가 복종하면 하나님이 나를 축복하시겠지) 때문에 복종한다면, 말씀을 지키는 사람들에게 예수께서 약속하신 아버지와의 친밀한 친교를 기대할 수 없다. "너희가 나를 사랑하면 나의 계명을 지키리라"(요 14:15).

6. 그들은 말씀을 다른 사람들과 나누었다

주 예수는 말씀 증거를 통해 그들이 다른 사람들을 얻을 수 있도록 그들을 세상으로 보내셨다(요 17:18, 20). 수세기에 걸쳐 신자들이 말씀을 나누는 일에 충실했기 때문에 오늘날 이 세상에는 교회가 있다. "또 네가 많은 증인 앞에서 내게 들은 바를 충성된 사람들에게 부탁하라 저희가 또 다른 사람들을 가르칠 수 있으리라"(딤후 2:2). 복음 증거라는 이 가슴 벅찬 사역에 관해서는 관련 장을 공부할 때 좀 더 많은 이야기를 나눌 수 있을 것이다.

진정한 제자는 물을 담아 두는 샘이 아니라 물을 뿜어내는 샘, 영적 축복이 솟아나는 우물이다. 그는 얻기 위해서 살지 않고 주기 위해서 산다. 그는 주님으로부터 받은 것을 다른 사람들과 나눈다. 그리고 나눔으로써 더 많은 것을 받는다. 그는 하나님께서 그의 인생에 투자하신 영적 투자를 조심스럽게 보전하는 한편 그 자신은 다른 사람들의 삶에 이 보물을 투자한다. 은행에 맡긴 돈은 보호받을 뿐 아니라 투자된다. 그리고 그것은 더 많은 부를 창출하게 된다. 우리가 다른 사람들과 함께 나누는 말씀의 영적 진리는 영원히 지속되는 "영적 수익"을 낳는다.

우리들 각자는 우리가 내세우는 것이 진정한 제자도인가를 보기 위해 자신의 마음을 감찰할 필요가 있다. 우리는 날마다 주님으로부터 말씀을 받는가? 우리는 주님을 사랑하기 때문에 말씀을 보전하고 말씀에 순종하는가? 우리는 말씀을 다른 사람들과 나누는가? 우리는 말씀 때문에 그리고 오직 말씀 때문에 믿음과 확신을 가지는가?

"너희가 내 말에 거하면 참 내 제자가 되고 진리를 알지니 진리가 너희를 자유케 하리라"(요 8:31-32).

구원의 안전함

> 내가 저희를 위하여 비옵나니 내가 비옵는 것은 세상을 위함이 아니요 내게 주신 자들을 위함이니이다. 저희는 아버지의 것이로소이다. 내 것은 다 아버지의 것이요 아버지의 것은 내 것이온데 내가 저희로 말미암아 영광을 받았나이다. 나는 세상에 더 있지 아니하오나 저희는 세상에 있사옵고 나는 아버지께로 가옵나니 거룩하신 아버지여 내게 주신 아버지의 이름으로 저희를 보전하사 우리와 같이 저희도 하나가 되게 하옵소서. 내가 저희와 함께 있을 때에 내게 주신 아버지의 이름으로 저희를 보전화와 지키었나이다. 그 중에 하나도 멸망치 않고 오직 멸망의 자식뿐이오니 이는 성경을 응하게 함이니이다.
>
> 요한복음 17:9-12

우리는 적의 영토에서 살고 있으므로, 조심하라!

세상은 하나님을 경외하는 척하지만 그리스도를 미워한다. 사탄은 우는 사자처럼 어슬렁거리고 있다. 우리가 숨 쉬는 이 환경은 "육신의 정욕과 안목의 정욕과 이생의 자랑"(요일 2:16)에 의해 중독되어 있다. 우리를 둘러싸고 있는 세상 체제는 우리 안에 있는 육신의 사람을 자극하므로 우리는 유혹에 맞서는 싸움을 꾸준히 하고 있다. 그렇다면 헌신된 신자는 어떻게 이 위험한 세상에서 안전하고 무사할 수 있는가?

우리의 안전은 예수 그리스도에게 있다. 우리가 그를 구세주로 믿을 때 그 무엇도 깨뜨릴 수 없는 영적 안전을 누리게 된다. 너무나 좋은 말이어서 믿어지지 않을 것이다. 그러나 구원 그 자체도 믿어지지 않을 만큼 좋은 것이 아닌가! 아버지와 우리의 영적 교제에는 날마다 차이가 있을망정 예수 그리스도를 통하여 우리가 아버지와 맺는 개인적 관계는 변함이 없으며 변할 수도 없다. 그 무엇이 그리스도와 우리의 친교에 변화를 일으킨다 할지라도 그리스도와 우리의 연합은 안전하다. 앞의 구절과 함께, 신자가 그리스도 안에서 안전하다는 것을 지적하고 확증해 주는 9-12절에 나타난 몇 가지 진리에 대해 생각해 보자.

1. 그리스도는 우리를 위해 기도하셨다

> "내가 저희를 위하여 비옵나니…거룩하신 아버지여 아버지의 이름으로 저희를 보전하사"(요 17:9, 11).

분명 그는 제자들을 위해 기도하고 계셨다. 그러나 우리도 그리스도 안에서 영적으로 하나가 되기 때문에 예수님과 제자들의 관계에 참여하게 된다. 게다가 우리와 구세주의 관계는 당시 제자들과 구세주의 관계와 유사한 상태이다. 주님이 믿는 사람들 중 일부만을 위하여 기도하시고 전체 교회의 필요는 무시하셨다고 생각하는 것은 사려 깊지 못한 일이다.

성부는 성자의 기도에 늘 응답하셨다. 예수님은 친구 나사로의 무덤에서 이렇게 말씀하셨다. "아버지여 내 말을 들으신 것을 감사하나이다. 항상 내 말을 들으시는 줄을 내가 알았나이다"(요 11:41-42). 성자는 성부의 뜻을 벗어난 어떤 것도 구하려고 하지 않으셨으며, 성부는 "그의 사랑의 아들"(골 1:13)이 부탁하는 바를 거절하려 하지 않으셨다. 만일 주님이 성부께 신자들을 지켜 보호해 주시기를 청한다면, 이 청은 받아들여질 것이다.

"보전하다"라는 단어는 "감시하다, 돌보다, 지키다"라는 뜻을 갖는다. 사도행전 16:23에서는 간수가 바울과 실라를 지키는 것을 묘사하기 위해 쓰였다. 12절에서 예수는 또한 "지키다"라는 단어를 쓰셨다. 이 말은 "보호 아래 두다, 돌보다"를 뜻하는 또 다른 희랍어이다. 보전하는 것은 지키는 것의 결과이다. 두 단어 모두 무사함과 안전함을 확증한다.

2. 그리스도는 지금 하늘에서 우리를 위하여 기도하고 계시다

"나는 세상에 더 있지 아니하오나"(11절). 이 기도에서 주님은 구속 사역을 이미 완수된 것으로 보고 계셨다. 그는 이 세상을 떠나 하늘에 계신 아버지께로 돌아가 교회를 위한 중보기도라는 "끝나지 않은 사역"의 길로 들어서실 것이었다.

우리 주님이 하늘에서 드리는 중보기도를 아버지 앞에서 끊임없이 반복되는 기도로 상상해서는 안 된다. 성부는 우리에 대해 적대적이고 성자는 성부를 달래는 것으로 상상해서도 안 된다. 성부와 성자 두 분 모두 우리를 사랑하시고 우리의 안녕과 영적 성공을 바라신다. 예수 그리스도께서 하늘의 보좌에 계신 바로 그것이 우리를 위한 그의 중보기도이다. 그는 우리를 대표하신다. 우리는 성자의 이름이 가지고 있는 권위를 통해 성부께 기도한다. 우리는 은혜의 보좌에 계신 대제사장에게로 나아가며, 그는 "때를 따라 돕는 은혜"(히 4:16)를 우리에게 주신다. 이것이 우리를 죄 지음으로부터 지킨다. 그러나 만일 우리가 죄를 범하면 변호자에게 와서 죄를 고백하고 용서를 찾는다(요일 1:9-2:2).

예수의 중재자로서의 역할은 우리가 안전하게 하나님의 가족으로 남아 있을 수 있는 보증이다. "누가 정죄하리요 죽으실 뿐 아니라 다시 살아나신 이는 그리스도 예수시니 그는 하나님 우편에 계신 자요 우리를 위하여 간구하시는 자시니라"(롬 8:34). 우리의 죄와 실패로 인하여 우리를 정죄하는 이들이 많이 있다. 사실 우리는 종종 자신을 정죄한다. 그러나 정죄할 권한을 가지신 분은 정죄하려 하지 않으신다. "그러므로 이제 그리스도 예수 안에 있는 자에게는 결코 정죄함이 없나니"(롬 8:1).

구약 시대 대제사장은 그의 아름다운 예복 위에 두 종류의 귀한 돌들을 달고 있었다. 가슴판에 열두 개의 돌을 달고 있었으며, 양 어깨에는 각각 여섯 개의 돌을 달고 있었다. 이 돌들은 이스라엘 열두 지파를 상징하였다. 주님이 가슴과 어깨 위에 보석들을 달고 계신 것을 그려보면 이는 우리에게 상당한 격려가 된다. 그는 사랑으로 우리를 품으신다. 그는 우리를 사랑하시고 가장 좋은 것을 원하시기 때문에 우리를 위해 중보기도를 하신다. 그는 지상에 계실 때 인생의 모든 환경(시련과 유혹)을 겪으셨으므로 우리가 시험당할 때에 동정하실 수 있다. 우리를 위해 기도하시는 대제사장은 우리를 사랑하시고 우리가 느끼는 바를 이해하시는 분이다.

구약 시대에는 대제사장이 죽으면 다른 사람이 그의 직위를 계승했다. 그러나 예수 그리스도는 결코 죽지 않으신다.

"예수는 영원히 계시므로 그 제사 직분도 갈리지 아니하나니 그러므로 자기를 힘입어 하나님께 나아가는 자들을 온전히 구원하실 수 있으니 이는 그가 항상 살아서 저희를 위하여 간구하심이니라"(히 7:24-25). 히브리서 기자의 논리에 주목하라. 예수 그리스도는 영원히 사시며, 영원한 대제사장직을 가지고 계시고, 이 영원한 대제사장직은 구원의 영원함을 의미한다.

이런 말을 덧붙이고 싶다. 성자가 낮은 몸을 입고 땅에 계실 때 성부께서 항상 성자의 기도에 응답하셨다면, 성자가 하늘에서 영화롭게 된 지금 그의 기도에 응답하지 않으시겠는가? 게다가 성자께서 낮은 몸으로 땅에서 사역하실 때 그의 백성을 보전하고 지키실 수 있었다면, 하늘의 보좌에 계신 지금도 여전히 그러하시지 않겠는가? 나는 이것이 합리적인 추론이라고 생각한다.

이것은 예수께서 이 땅에서 열두 제자와 함께 계실 때 그들이 안전하고 무사했던 것만큼 오늘날의 신자들도 무사하고 안전하다는 것을 의미한다. 베드로는 사탄의 공격을 받아 시험당하여 주님을 부인하였다. 그러나 주님은 그를 보호하셨고 다시 주님과 교제하도록 하셨다. 베드로의 믿음이 흔들려 그가 물에 빠지게 되었을 때에도, 예수는 그를 지키고 구하셨다. 도마는 의심을 가졌지만 예수는 사랑스럽게 그를 격려하고 영광스런 확신으로 그를 인도하셨다. 빌립은 오천 명이 넘는 사람들을 먹일 음식을 살 만큼 충분한 돈을 어떻게 마련할 수 있을까 걱정하였지만, 예수는 그 모든 문제가 해결되도록 하셨다. 여러 번 주님은 제자들을 어려움으로부터 지키셨다. 제자들이 어려움에 처해 있을 때 예수는 그들을 돕기 위해 그곳에 계셨다.

3. 우리는 성부가 성자에게 주신 선물이다

그리스도는 잃어버린 세계를 위해 기도하고 계시지 않는다. 그는 "당신(성부)이 내게 주신 자들"(9절)을 위하여 기도하신다. 교회는 잃어버린 자들을 위해 기도하지만(마 5:44, 딤전 2:1), 구세주는 교회를 위해 기도하신다. 신자들은 성부가 성자에게 주시는 "사랑의 선물"이다. 그리고 한 사람의 신자를 잃어버림으로써 이 사랑의 선물이 실패하는 것을 성부께서 허용하시리라 생각하는 것은 사려 깊지 못하다(우리는 다음 장에서 특별한 경우인 유다에 대해 생각해 볼 것이다). 구원은 전적으로 하나님의 은총이다(엡 2:8-9). 만일 우리가 선행에 의해 구원받는 것이 아니라면, 왜 구원받은 후에도 어떤 죄나 불순종의 행위로 정죄받아야 한단 말인가? 모든 것을 아시는 하나님이 우리가 실패할 것을 아신다면, 왜 무엇보다도 먼저 우리를 그의 아들에게 주셨단 말인가? 우리는 은총에 의해서 그리고 오직 은총에 의해서만 구원을 받든지 아니면 전혀 구원받지 못한다. "만일 은혜로 된 것이면 행위로 말미암지 않음이니 그렇지 않으면 은혜가 은혜 되지 못하느니라"(롬 11:6).

우리의 구원이 하나님께서 "창세 전"에 마음과 생각에 품고 계시던 영원한 대계획의 일부라는 사실은 아무리 강조해도 지나치지 않다. 하나님은 끝낼 수 없는 것을 시작하시는 분이 아니다. "너희 속에 착한 일을 시작하신 이가 그리스도 예수의 날까지 이루실 줄을 우리가 확신하노라"(빌 1:6). "우리는 그의 만드신 바라 그리스도 예수 안에서 선한 일을 위하여 지으심을 받은 자니 이 일은 하나님이 전에 예비하사 우리로 그 가운데서 행하게 하려 하심이니라"(엡 2:10).

우리가 성부께서 성자에게 주신 사랑의 선물일 뿐만 아니라, 영생은 성자께서 그를 믿는 모든 사람에게 주시는 사랑의 선물이다. 영생은 선물이다(요 17:2). 우리가 그것을 얻은 것이 아니다. 우리는 우리의 공로로 그것을 얻을 수 없다. 그것은 선물이다. 우리가 실패할 것을 아셨다면, 모든 것을 아시는 하나님께서 우리에게 그토록 값진 선물을 주실 리 있었을까?

우리의 죄가 하나님의 신실하심을 바꿀 수 있을까? "하나님의 은사와 부르심에는 후회하심이 없느니라"(롬 11:29).

하나님이 영광을 받으시려면, 구원은 전적으로 하나님의 선물이어야만 한다. 이 사실은 또 다른 영적 진리로 우리를 인도한다.

4. 하나님은 믿는자들에게서 영광을 받으신다

"내가 저희로 말미암아 영광을 받았나이다"라고 예수님은 말씀하셨다(10절). 제자들의 실패에 대해서는 단 한마디도 없으셨다! 베드로의 성급한 말이나 사마리아 마을을 불사르기 원했던 야고보나 요한의 경우, 혹은 주님을 버리지 않겠다던 제자들의 허풍에 대해서는 언급하지 않으셨다. 얼마나 우리를 안심시키는 말인가! 예수 그리스도가 영광 중에 교회를 아버지께 드릴 때, 그는 이 말을 하실 것이다. "내가 저희로 말미암아 영광을 받았나이다." 만일 어느 신자가 "그의 구원을 잃는다면" 하나님께서는 그의 영광을 잃으실 것이다. 하나님의 영광은 우리의 안전과 무사함에 달려 있다.

그렇기 때문에 예수께서는 "거룩하신 아버지여 당신의 이름으로 저희를 보전하사" 하고 기도하셨던 것이다. 아버지의 이름은 이 기도에서 네 번 언급되었다. 예수는 제자들에게 아버지의 이름을 나타내셨다(6절). 아버지의 이름으로 제자들이 보전되기를 위하여 기도하셨다(11절). 예수는 아버지의 이름으로 제자들을 보전하여 지키셨다(12절). 예수는 그 이름을 자신의 이름으로 선언하셨다(26절). "그 이름"은 하나님의 성품을 뜻한다. 신자들의 안전은 바로 하나님의 성품과 밀접하게 연관되어 있다.

우리 구원의 궁극적인 목적은 하나님의 영광이다. 에베소서 1장에는 하나님의 영광을 찬양하도록 우리가 구원을 입었다는 말이 세 번 나온다(6, 12, 14절). "이는 범사에 예수 그리스도로 말미암아 하나님이 영광을 받으시게 하려 함이니 그에게 영광과 권능이 세세에 무궁토록 있느니라"(벧전 4:11). 요한복음 13-17장 사이에서 우리 주님은 영광에 관해 16번 말씀하셨다. 그는 이 땅에서 성부를 영화롭게 하셨고(요 17:4), 이제는 그의 제자들과 그의 교회가 그를 대신하여 이 땅에서 성부를 영화롭게 할 것이다(18절).

만일 진정한 신자가 "그의 구원을 잃는 일"이 일어난다면, 하나님께서는 그 신자가 잃는 것보다 훨씬 더 많은 것을 잃으실 것이다. 그 신자는 구원을 받을 가치가 있었던 것이 아니었으므로 처음부터 자기에게 속해 있던 것을 잃은 것은 아니다. 그러나 하나님께서는 영광을 잃으실 것인데, 그는 하나님이시므로 영광을 받으실 만한 분이다. 만일 그의 자녀 중 하나가 천국에 이르지 못하면, 이는 하나님의 이름과 성품에 불명예를 끼칠 것이다.

영광이라는 주제에 대해 말한다면, 우리는 예수 그리스도께서 우리에게 이미 그의 영광을 주셨음을 언급해야만 한다. "내게 주신 영광을 내가 저희에게 주었사오니"(요 17:22). 이 구절의 동사의 시제는 과거에 이미 완성되어 현재와 미래에 영향을 끼치는 어떤 행위를 나타낸다. 성자께서 신자들에게 영광을 주셨음을 말할 때 쓰인 같은 시제가 성부께서 성자에게 영광을 주셨음을 말할 때도 쓰이고 있다. 성부는 그 영광을 성자로부터 거두어 가지 않으실 것이며, 성자는 그 영광을 교회로부터 거두어 가지 않으실 것이다. 이 문제는 단 한 번에 그리고 영원히 해결된 문제이다. 그렇기 때문에 바울은 로마서 8:30에서 다음과 같이 쓸 수 있었다: "의롭다 하신 그들을 또한 영화롭게 하셨느니라." "그들이 천국에 이르렀을 때 그들을 영화롭게 하실 것이다"가 아니고 "영화롭게 하셨느니라"이다. 이는 이미 이루어짐을 말함이 아닌가!

하나님 성품의 위엄과 영원하신 속성들의 영광을 생각한다면, 우리는 그가 그 위엄과 영광을 지키실 수 있으며 또 지키신다는 것을 알 수 있을 것이다. 분명 그는 그럴 수 있는 능력을 가지신 분이다. 그는 너무나 지혜로우시기 때문에 실수가 없으시다. 우리는 신실하지 못하지만 그는 자신에게 그리고 자신의 말씀에 신실하신 분이다. "우리는 미쁨이 없을지라도 주는 일향 미쁘시니 자기를 부인하실 수 없으시리라"(딤후 2:13).

어떤 사람이 유명한 금융가인 모건(J. P. Morgan)에게 이런 질문을 던졌다. "대출을 받기 위해 제공해야 할 담보로 가장 좋은 것이 무엇입니까?" 모건의 답은 "성품"이라는 것이었다. 하나님의 성품은 우리의 영원한 구원이 그리스도 안에서 안전함을 보장하기 위해 우리가 가질 수 있는 최상의 담보이다.

5. 하나님의 교회는 일치 안에서 하나이다

> "거룩하신 아버지여…우리와 같이 저희도 하나가 되게 하옵소서"(11절).

오늘날은 개인의 구원이 강조되고 있다. "각 사람의 자기의 구원에 이르리라"는 것은 우리 교회들의 인기 있는 구호이다. 물론 죄인들은 개별적으로 구원받는다. 주님은 이 땅에서 사역하시는 동안 시간을 내어 사람들과 직접 그리고 개별적으로 말씀을 나누셨다. 니고데모, 사마리아 여인, 삭개오, 그리고 그 외의 사람들이 머리에 떠오른다. 그리스도 안에서의 믿음은 직접적이고 개별적이지만 그리스도와의 연합은 모든 신자들과 관계된다. 개별 신자는 그리스도의 몸, 즉 교회의 일부가 되며, 이때부터 그의 삶은 이 위대한 사실을 반영하는 것이어야 한다.

신자들의 영적 일치는 이 기도에서 중요한 주제이다. 예수는 이것을 11절에서만 언급하신 것이 아니라 21-23절에서도 언급하셨다. 성경에는 이 위대한 진리에 대한 예화가 여럿 있다. 포도나무와 가지(요 15:1-10), 몸과 지체들(고전 12), 성전의 돌들(벧전 2:4-10). 우리는 그리스도에게 연결되어 있기 때문에 서로서로에게 연결되어 있다. 우리는 서로에게 속하였고 서로를 필요로 한다. 나는 결혼식이 끝난 후 신랑, 신부에게 다음과 같은 말을 하곤 한다. "이제 더 이상 네 것 내 것이 아니라 우리의 것입니다."

오늘날 크리스천들의 세계에는 "개인주의"가 만연되어 있다. 우리는 사사기 시대에 살고 있는 것 같다. 모든 사람이 자기 나름의 기준을 가지고 옳고 그름을 판단하고 있기 때문이다(삿 17:6, 18:1, 19:1, 21:25). 우리는 주기도문을 외우지만 처음 구절에 나오는 "우리"라는 말에 주목하지 못하고 있다. "나의 아버지"가 아니라 "우리 아버지"인 것이다. 우리는 기도할 때조차 서로에게 속해 있다. 40년이 넘는 목회 기간 동안, 나는 개인주의 정신이 하나님의 백성을 나누고 교회를 분열시키고 친구를 적으로 만들고 복음의 진보를 방해하는 것을 보았다. 목사는 뜻대로 되지 않으면 자기 편을 끌고 거리로 나가 새 교회를 시작한다. 교인은 목사의 의견에 동의하지 않을 때 가족을 끌고 나가 가정에서 예배를 드리든지 아니면 다른 교회에 출석하기 시작한다. 그곳에서도 또 다른 의견의 불일치를 볼 확률이 크다.

영적 일치라는 이 중요한 주제에 대해서는 뒤에 다시 공부할 것이다. 이 장에서 중요한 것은 신자와 하나님의 일치 그리고 신자들 간의 일치라는 진리가 안전이라는 문제와 직접적으로 연결된다는 것이다. 우리는 그리스도의 영에 의해서 그리스도와 연합되어 있고(고전 12:13), 서로에게 연합되어 있다. 만일 진정한 크리스천이 실족하여 "그의 구원을 잃어버릴" 수 있다면, 이 영적 연합은 신뢰할 만한 것이 될 수 없으며 교회는 결코 완성될 수 없다. 우리가 하나님과의 관계를 확신하지 못한다면 서로서로에게 온전히 연결될 수 없다.

개인 구원만을 강조하는 현대의 경향은 우리로 하여금 하나님의 교회의 장엄함과 영광을 볼 수 없게 만들고 있다. 나는 그리스도와의 개인적 경험을 축소시키려는 것이 아니라 그것이 하나님께서 마음에 두고 계신 제일의 목적은 아니라는 것을 확인시키고자 한다. 그는 그의 교회를 짓고 계시다. 그는 그리스도의 몸을 짓고 계시다. 우리의 개인적 구원의 영광과 위대함은 하나님께서 그의 교회 안에서 그리고 교회를 통해 집합적으로 하시는 일의 반영일 따름이다. 나는 이 "집합적 몸"이 땅에서 완전히 이루어질 수는 없으나 영원을 통해 그 결실을 맺는 것으로 하나님께서 마음에 두고 계신 개념이라는 것을 깨닫고 있다. 그러나 하나님의 교회가 실제가 아니라든가 중요하지 않다는 것을 의미하지는 않는다. 우리의 지역적 교제는 하나님께서 집합적 몸인 그의 교회에서 하시고자 하는 일에 의해서 제어되어야 한다.

교회의 위대함은 구원이 그리스도 안에서 안전하다는 것을 믿도록 나를 격려한다. 이 몸의 어느 구성원도 잃어버린 바 되지 않을 것이다. 성전의 어느 돌 한 조각도 그 위치를 잃지 않을 것이다. 포도나무의 어느 가지도 어느 정도의 열매를 맺지 못하는 일이 없을 것이다.

6. 그리스도는 그의 일을 완수하셨다

주님이 천국으로 돌아가실 수 있었던 것은 그의 지상에서의 일이 완수되었기 때문이다. "아버지께서 내게 하라고 주신 일을 내가 이루어 아버지를 이 세상에서 영화롭게 하였사오니"(요 17:4). 앞에서 우리는 이 일의 위대함을 배웠다. 그러면 우리 주님이 완수하신 일은 신자의 안전이라는 주제와 무슨 관련이 있는가?

그리스도께서 죽으셨을 때 그의 죽음은 모든 죄인들을 위한 것이었다. 어떤 사람들은 예수께서 그들의 과거의 죄만을 위하여 돌아가셨기 때문에 다시 죄를 짓는다면 그들은 구원을 잃고 다시 구원받아야 한다는 생각-이는 논리적으로 예수께서 죄가 있을 때마다 죽으셔야 함을 뜻하며, 십자가를 허무맹랑한 것으로 만들고 만다-을 가지고 있다. 예수께서 죽으셨을 때, 우리의 죄는 과거에 지어진 죄가 아니었다. 당시로서는 우리의 죄는 미래의 일이었다. 그러나 우리가 그 당시에 살아 있었다 하더라도 별 차이는 없을 것이다. 그리스도의 십자가 사역은 창세 전에 계획된 초시간적 사역으로 시간의 영향을 받지 않는다. 그는 모든 세상의 모든 사람의 모든 죄를 위하여 죽으셨다. 그는 팔을 십자가에서 펴시어 아담으로부터 인류 역사의 끝까지 이르시었다. 그는 한 번에 그리고 영원히 죄의 모든 무게를 담당하셨던 것이다.

이는 죄인이 그리스도를 믿을 때 모든 죄-과거, 현재, 미래의 죄-가 사하여짐을 의미한다. "너희를 하나님이 그와 함께 살리시고 우리에게 모든 죄를 사하시고"(골 2:13). 예수 그리스도는 구원을 가능한 것으로 만들기 위해 죽으신 것이 아님을 기억하라. 그는 우리를 구원하시려고 죽으셨다. 이제 문제는 그가 그 일을 완수하셨느냐 그렇지 않느냐이다. 그가 완수하지 못하셨다면, 우리는 여전히 죄 가운데 있는 것이다. 그러나 그는 구속 사역을 완수하셨다. 그는 "보증금만 내고" 우리에게 나머지를 할부로 내라고 하지 않으신다. 그 자신이 모든 값을 치르신 것이다.

그리스도 안에서 안전하다는 것이 부주의한 삶을 위한 변명이 될 수는 없다. 그것은 하나님과의 친교, 하나님의 백성과의 연합, 그리고 잃어버린 세상을 향한 사역의 기반이다. 이 각 주제들은 다음에 논의될 것이다. 이 위대한 진리에 대한 우리의 반응은 감사와 경배와 찬양이 되어야만 한다.

"죽임을 당하신 어린양이 능력과 부와 지혜와 힘과 존귀와 영광과 찬송을 받으시기에 합당하도다"(계 5:12).

태어나지 말았어야 할 사람

내가 저희와 함께 있을 때에 내게 주신 아버지의 이름으로 저희를 보전하와 지키었나이다. 그 중에 하나도 멸망치 않고 오직 멸망의 자식뿐이오니 이는 성경을 응하게 함이니이다.

요한복음 17:12

어떤 사람들의 이름은 특별한 뜻을 지닌 단어가 되어 사전에 기록되어 있다. 제즈벨, 베네딕트 아놀드, 퀴즐링-노르웨이를 배신하여 나치에 넘긴 사람, 카사노바, 돈 주앙, 부루터스 등이 그 예이다.

그리고 가룟 유다라는 이름이 있다.

누군가를 유다라고 부르는 것은 그를 인류 역사상 가장 치욕스런 배반자로 분류하는 것이다. 예수는 다음과 같이 말씀하셨다. "인자는 자기에게 대하여 기록된 대로 가거니와 인자를 파는 그 사람에게는 화가 있으리로다 그 사람은 차라리 나지 아니하였더면 제게 좋을 뻔하였느니라"(막 14:21).

   열두 제자의 이름 중에서 베드로는 늘 첫 번째 나오고 가룟 유다는 늘 마지막에 나온다. 그리고 신약에서 이 두 사람의 이야기는 다른 열 제자를 합친 것보다 더 많이 등장한다. 유다라는 이름은 시몬이라는 이름과 마찬가지로 인기있는 이름이었다. 신약성경에는 아홉 명의 시몬과 여섯 명의 유다가 등장한다(시몬과 유다 마카베 형제는 신·구약중간 시기에 대중적인 인기를 모은 유대 영웅이었다). 오늘날에는 어떤 크리스천도, 비록 유다라는 이름이 "찬양"을 뜻하고 구약 시대에는 위대한 이름이었다 해도, 자신의 아들에게 유다라는 이름을 지어주지는 않는다. 사전을 보면 "유다의 입맞춤"은 거짓 애정이라는 뜻으로, "유다의 구멍"은 간수가 죄수들을 감시하기 위해 벽에 뚫어 놓은 숨겨진 구멍으로 설명되어 있다. 아무도 자신에게 "유다"라는 이름이 붙는 것을 좋아하지 않는다. 가룟 유다의 비극적 드라마에서 그가 한 역할들을 살펴보기로 하자.

1. 제자

어느 날 밤 기도를 마치신 후에 예수님은 산에서 내려오셔서 열두 사람을 택하여 제자로 삼으셨다(눅 6:12-16). 가룟 유다는 그들 중 하나였다. 만일 많은 학자들이 믿고 있는 것처럼 "가룟"이란 이름이 "그리욧 출신의 사람"을 뜻하는 것이라면, 유일하게 유다는 갈릴리인이 아닌 제자이다. 그리욧은 유다 지파에 속하였기 때문이다(수 15:25).

예수님은 유다가 어떤 사람이라는 것과 그가 어떤 일을 하게 될 것을 알고 계셨을까? 성경의 기록들은 그가 알고 계셨음을 말해 준다. "이는 예수께서 믿지 아니하는 자들이 누구며 자기를 팔 자가 누군지 처음부터 아심이러라"(요 6:64). "예수는 그 몸을 저희에게 의탁지 아니하셨으니 이는 친히 모든 사람을 아심이요 또 친히 사람의 속에 있는 것을 아시므로 사람에 대하여 아무의 증거도 받으실 필요가 없음이니라"(요 2:24-25). 만약 예수님이 처음부터 시몬이 반석이 될 것을 알고 계셨다면 그는 분명 유다가 배신자가 될 것도 알고 계셨다.

그렇다면 왜 유다를 제자로 삼으셨을까? 그것은 하나님의 뜻이기 때문이었다. 주님은 제자들을 택하시기 전에 온밤을 기도하셨다. 나는 그 기도의 일부는 유다를 놓고 하나님께 특별한 도움을 구하는 기도가 아니었을까 하는 생각을 한다.

수세기 동안 성경 연구가들과 철학자들은 유다라는 수수께끼와 씨름을 하였으며 몇 가지 "해답"이 제시되었다. 하나는 유다가 희생자라는 것이다. 누군가는 예수를 배반해야만 했고 이 일을 위해 유다가 선택되었다는 것이다. 어쨌든 예언이 이루어져야 하지 않았던가! 그러나 이러한 접근 방법은 유다를 단순한 로봇으로, 하나님의 손에 놓인 인질로 만든다는 문제가 있다. 이는 유다로부터 인성과 책임을 박탈하는 것이다. 그러나 성경은 유다가 자신의 행동에 대한 책임을 진다는 것을 분명히 하고 있다. 사실, 유다 자신이 자신의 잘못을 인정하였다. "내가 무죄한 피를 팔고 죄를 범하였도다"(마 27:4). 하나님을 포함하여 그 누구도 유다에게 하나님의 아들을 배신하도록 강요하지 않았다.

"희생자" 이론에 대한 다른 접근법은 유다를 하나님이 아니라 사탄의 희생자로 보는 것이다. 이는 구약 성경의 예언이 성취되도록 하나님이 악마에게 유다를 넘겨주셨다는 주장이다. 그러나 이 주장은 하나님으로부터 악을 이끌어내고 있다. "사람이 시험을 받을 때에 내가 하나님께 시험을 받는다 하지 말지니 하나님은 악에게 시험을 받지도 아니하시고 친히 아무도 시험하지 아니하시느니라"(약 1:13). 사탄이 가룟 유다의 범죄에 개입했다는 것은 아무도 부인하지 않는다. 사탄은 유다의 마음에 배신할 생각을 불어넣었고(요 13:2), 유다가 이에 굴복하였을 때 "사탄이 그에게로 들어간"(요 13:27, 눅 22:1-4) 것이다. 유다는 다락방에 들어가기 훨씬 전부터 배신할 생각을 가지고 있었다. 그는 이미 유대 지도자들을 만난 상태였다. 예수님은 사탄이 유다의 배후에 있다는 것을 아셨다. 예수님은 "너희 중에 한 사람은 마귀니라"(요 6:70)고 말씀하셨다. 사탄처럼 유다도 거짓말쟁이요 살인자였기 때문에 이 표현이 유다에게 해당하는 것이다(요 8:44).

만일 유다가 희생자가 아니라면 그가 영웅이라는 것은 가능한 일인가? 유다를 불명예로부터 구하기 위한 고상한 시도를 한 사람들이 있었으나 누구도 성공하지는 못하였다. 영국인 작가 토마스 드킨시가 이런 종류의 글을 썼다. 그는 유다는 단지 예수를 압박하여 예수 자신이 "유대의 왕"임을 선언하게 함으로써 로마로부터 조국을 구하기를 원했던 진정 용기 있는 사람이었다고 주장하였다. 유다의 동기는 선했으나 그가 취한 방법은 선하지 않았다. 그 모든 계획은 수포로 돌아가고 예수는 십자가에 못 박혔다. 비참해진 유다는 스스로 목숨을 끊었다. 이것은 그럴듯한 이론이지만 이러한 이론을 뒷받침해 주는 기록은 성경 어디에도 없다. 우선 예수님은 정치적 왕국을 건설할 의도가 없음을 제자들에게 분명히 하셨다. 유다는 이것을 알고 있었을 것이다. 게다가 주님은 하나님의 뜻을 성취하기 위해 다른 누구의 "격려"도 필요치 않으셨다. 그는 결단력이 부족한 젊은 예언가가 아니었다. 그는 무엇을 할지 아셨고 성부께서 원하시는 때가 언제인지를 아셨다.

토마스 드킨시의 주장과 비슷한 해석이 두 가지 있다. 하나는 충성스러운 유대인이었던 유다는 예수가 거짓 예언자인 것을 알고 조국을 위해서 그를 배신했다는 것이다. 그러나 만일 유다가 이런 종류의 증거를 가지고 있었다면 산헤드린은 예수를 비방하는 증언을 하도록 거짓 증인들을 고용할 필요가 없었을 것이다.

또 다른 해석은 유다는 문제가 발생할 것이라는 것을 알고 조국을 보호하기 위해서 예수를 제지하고자 하였다는 것이다. 유월절이 지나면 예수는 다시 자유롭게 사역을 계속할 수 있었을 것이고 반면 상황은 더 이상 위험하지 않았을 것이다. 이것은 명백히 잘못된 생각이다. 제자들은 유대 통치자들이 예수를 죽이고자 했던 것을 알고 있었다(요 8:59, 10:31, 11:8). 예수를 잡을 수만 있다면 그들은 단지 예수를 제지하는 데 그치지 않았을 것이다.

크리스천 신자들에게 중요한 문제는 유다가 희생자이거나 영웅이 아니라 믿음을 저버린 자일 수도 있다는 것이다. 유다는 진실한 신자였으나 "믿음으로부터 떨어져" 그의 구원을 놓친 사람이었을까? 나는 유다가 결코 구원받은 적이 없었다는 것을 진정으로 확신한다. 그가 세례 요한에게서 세례를 받았다는 것과(행 1:21-22) 예수님에 의해 사도로 뽑히고(눅 6:12-16) 다른 제자들과 동행했다는 사실에도 불구하고, 결코 유다는 진정한 신자가 아니었다.

예수님은 유다가 결코 자신을 믿은 적이 없음을 분명히 하셨다. "그러나 너희 중에 믿지 아니하는 자들이 있느니라 하시니 이는 예수께서 믿지 아니하는 자들이 누구며 자기를 팔 자가 누군지 처음부터 아심이러라"(요 6:64). 유다는 믿지 않는 자로 분류된다. 예수님이 유다를 "악마"라고 부르신 것은(요 6:70) 이와 같은 맥락에서이다. "악한 사람" 혹은 "악마의 사람"이 아니라 "악마"라고 하셨다. 예수님은 또한 유다가 결코 죄 씻음을 받은 적이 없다는 것도 분명히 하셨다. "이는 자기를 팔 자가 누구인지 아심이라 그러므로 다는 깨끗지 아니하다 하시니라"(요 13:11). 유다가 만일 죄 씻음을 받은 적이 없다면 이는 그가 결코 구원받지 못했음을 의미하는 것이다. 구원은 우리의 죄로부터 깨끗이 씻기는 것을 의미하기 때문이다(계 1:5).

예수님은 유다가 결코 예정의 은총에 의해 선택받은 적이 없다는 것을 선언하셨다.

"내가 너희를 다 가리켜 말하는 것이 아니라 내가 나의 택한 자들이 누구인지 앎이라 그러나 내 떡을 먹는 자가 내게 발꿈치를 들었다 한 성경을 응하게 하려는 것이니라"(요 13:18).

흠정역 성경의 요한복음 17:12은 유다가 성부가 성자에게 주신 사람들 중 하나라는 인상을 준다. 그러나 NASB(New American Standard Bible)나 NIV(New International Version)는 다른 인상을 준다. NIV에는 다음과 같이 번역되어 있다. "내가 저희와 있을 때에 아버지가 나에게 주신 이름에 의해 저희를 보전하와 안전하게 지키었나이다." 이 두 번역본에는 "주신"이라는 단어가 제자들이 아니라 이름에 연결된다. 유다가 제자로 뽑혔다는 사실(요 6:70-71)은 그가 성부께서 성자에게 주신 사람들 중 하나라는 것의 증거가 될 수 없다.

이 사실의 또 다른 증거는 요한복음 18:1-9에서 발견된다. 주께서는 동산에서 체포되셨을 때 주님의 편에 서 있던 열한 제자를 보호하셨다. "이 사람들의 가는 것을 용납하라." 주께서는 병사들에게 이렇게 부탁하셨다. 그 뒤에는 이런 말씀이 있다. "이는 아버지께서 내게 주신 자 중에서 하나도 잃지 아니하였삽나이다 하신 말씀을 응하게 하려 함이러라"(요 18:9). 이는 예수께서 유다에 관해 말씀하고 있지 않다는 것이 명백하다. 유다는 제자들과 같은 편에 서있지 않았기 때문이다. 유다는 이미 적의 편에 서 있었기 때문에 예수께서 그를 보호하실 필요가 없었다. 만일 유다가 하나님께서 택하신 사람들 중 하나였다면 예수님의 이 같은 말씀은 앞뒤가 맞지 않는다.

유다는 희생자도, 영웅도, 믿음을 저버린 배교자도 아니다. 그는 그에게 주어진 엄청난 기회를 이용하지 않았기 때문에 결코 예수 그리스도를 믿지 않았던, 그래서 영벌에 처하게 된 죄인이었다(행 1:25). 이 장의 마지막 부분에서 몇 가지 가능한 설명을 제시하기는 하겠지만, 유다가 왜 그렇게 행동했는지는 완전히 알려지지 않았다.

2. 도둑

유다는 제자들 중 회계를 맡아보는 사람이었다(요 12:1-8). 그가 하는 일 중의 하나는 가난한 사람들에게 돈을 나눠 주는 것이었다(요 12:5, 13:26-30). 요한복음에는 유다가 돈궤에서 돈을 훔쳤다는 것을 분명히 기록하고 있다. "저는 도적이라 돈궤를 맡고 거기 넣는 것을 훔쳐 감이러라"(요 12:6). 제자들은 아무도 그가 한 일을 몰랐으나 예수님만은 아셨다. 탐욕과 부에 대한 주님의 경고가 유다를 염두에 두신 것은 아니었는지도 모르겠다. 유다가 예수께 향유를 발라 드리기 위해 일 년치 임금에 해당하는 향유를 낭비하는 마리아를 비난했던 것은 놀랄 일이 아니다. 일 년치 임금이 돈궤에서 차지하는 비중이 유다에게 어떤 의미가 있었겠는지 생각해보라.

  탐욕의 힘을 과소평가하지 말라. 부자가 되려는 욕망은 모든 종류의 위험들로 가득차 있다. "부하려 하는 자들은 시험과 올무와 여러 가지 어리석고 해로운 정욕에 떨어지나니 곧 사람으로 침륜과 멸망에 빠지게 하는 것이라. 돈을 사랑함이 일만 악의 뿌리가 되나니"(딤전 6:9-10). 여기에 나오는 멸망은 요한복음 17:12의 멸망과 같은 단어이다.

  탐욕은 사람으로 하여금 원하는 것을 얻기 위해 모든 종류의 죄를 짓도록 유도한다. "탐내지 말라"는 것은 십계명의 마지막 계명이지만, 탐욕은 나머지 아홉 가지 계명도 어기도록 유도한다. 탐욕스러운 사람은 돈을 신으로 삼는다. 탐욕은 사람으로 하여금 원하는 것을 얻기 위해 거짓말하고 훔치고 심지어는 살인까지 하게 만든다. 유다는 탐욕이 그의 삶을 지배

하도록 내버려 두었다. 그리고 이는 그를 파멸로 이끌었다. 그의 삶은 "무엇이 옳은가"에 맞추어지지 못하고 "얼마나 주려느냐"에 맞추어져 있었다(마 26:14-15).

"무슨 의사로 이것을 허비하느뇨"(마 26:8)라는 유다의 질문은 "멸망"이라고 번역된 것과 같은 단어를 포함하고 있다. 유다는 자신의 인생이 허비되고 있으면서도 마리아가 향유를 허비하는 것을 걱정하였던 것이다. 사랑의 마음으로 예수께 드려진 어떤 것도 낭비인 것처럼 말이다. 그는 "멸망의 자식, 즉 허비의 자식"으로 알려질 것이다. 유다가 예수님을 노예의 가격인 은화 30냥을 받고 팔아넘겼다는 것은 우리를 놀라게 한다. 탐욕은 인간으로 하여금 삶의 진정한 가치에 눈멀게 하고, 더 많은 돈과 물질을 향한 지칠 줄 모르는 욕망의 노예가 되게 한다.

유다는 그가 훔친 돈으로 무엇을 하였는가? 일부 성경학자들은 그가 재산을 마련하는 데 사용했을 것이라고 생각한다. 물론 은화 30냥은 나그네의 묘지로 삼기 위해 "토기장이의 밭"을 사는 데 사용되었다(마 27:1-10). 그러나 사도행전 1:18은 유다가 "불의의 삯으로 밭을 사고"라고 기록하고 있다. 여기서 "사다"(사고)라는 단어는 문자적으로 "자신을 위해서 획득한, 구입한"이란 뜻이다.

이것은 마태복음 27:7에서 대제사장들이 토기장이의 밭을 산 것을 묘사하는 데 쓰인 단어와는 다른 단어이다. 사실 두 개의 다른 단어가 "밭"에 대하여 사용되었다.

두 개의 다른 구입과 두 개의 다른 밭이 관련되어 있다는 것이 학자들의 제안이다. 대제사장들은 묘지로 쓰기 위해서 토기장이의 밭을 사는 데 그 은화 30냥을 사용하였다. 유다는 돈궤에서 훔친 돈으로 자신을 위하여 약간의 땅을 사두었다. 유다는 은화 30냥을 돌려준 다음에 자신이 사 두었던 땅으로 가서 목을 매어 죽었다. 그는 토기장이의 밭에서 목을 매어 죽을 수 없었을 것이다. 왜냐하면 대제사장들이 그런 밭을 살 것이라는 것조차 그는 몰랐을 것이기 때문이다(그리고 대제사장들이 돈을 돌려받자마자 유월절 중에 그 땅을 샀을 것 같지도 않다). 유다가 자기 소유의 땅-그의 양심과 영혼을 대가로 얻은 땅-으로 도망가서 거기서 생을 마감했다고 보는 것이 합리적인 것 같다. 사도행전 1:18에는 그의 죽음이 즉각 발견되지 않고 몸이 파열되었음이 기록되어 있다. 만일 줄이 끊어졌다면, 이것은 몸이 앞으로 떨어진 이유가 될 것이다.

대제사장들은 토기장이의 땅을 "피밭"이라고 불렀다. "피값"을 주고 산 땅이기 때문이었다. 유다의 땅 역시 "피밭"이라고 불렸으나 이는 그곳에 유다의 피가 흘렀기 때문이었다.

대제사장들이 사람이 자살한 땅을 샀다고 생각하는 것은 합리적이지 못하다. 그런 땅은 부정한 것으로 여겨졌을 것이다.

도둑이었던 유다는 그의 땅은 지켰으나 생명을 잃었다. "사람이 만일 온 천하를 얻고도 제 목숨을 잃으면 무엇이 유익하리요"(막 8:36).

3. 배반자

유다의 심리는 복잡하고 혼란한 수수께끼와 같다. 유다가 세례 요한의 말에 귀를 기울였으며 요한의 회개의 세례를 받았다는 것은 사도행전 1:21, 22을 볼 때 명백해진다. 그는 분명 제자로 있는 동안에 그의 진정한 영적 상태를 암시하는 어떤 일도 하지 않은 것이 분명하다. 예수님도 어떤 암시도 주지 않으셨다. 만일 어떤 일이 있었다면, 주님은 유다를 구할 수 있는 모든 일을 하셨을 것이다. 분명 많은 주님의 가르침들이 유다의 가슴을 찔렀어야 했다. 돈을 사랑함에 대한 계속적인 경고는 유다를 멈추게 했어야 했다. 그러나 그는 이것들을 마음에 두지 않았다. 위선에 대한 주님의 비난은 이 거짓 사도에게 아무 영향을 끼치지 못하였다.

주님의 다락방 사역의 기사를 읽어 보면, 주님이 유다의 마음을 잡기 위해 마지막 노력을 하셨음을 볼 수 있다. 제자들이 유월절 만찬에 왔을 때 예수님은 유대의 전통대로 진실하게 유다에게 (그리고 다른 제자들에게) 입맞춤을 하셨다. 그는 유다에게 영광된 자리인 그의 좌편에 앉게 하셨다. 그는 유다의 발을 씻어 주셨다. 그는 우정의 표시로 떡-쓴 약초에 담근 빵-을 주셨다. 이러한 행동들이 우정을 굳게 했어야 하는데 오히려 배반을 초래했다. 예수는 또한 유다만이 완전히 이해했을 경고의 말씀도 하셨다. "너희가 깨끗하나 다는 아니니라"(요 13:10-11). 시편 41:9을 인용하신 것은(요 13:18) 유다에게 특별히 의미가 있는 것이었다. 그러나 그는 분명히 하나님의 말씀을 두려워하지 않았다.

그리고 나서 예수님은 명백하게 말씀하셨다. "내가 진실로 너희에게 이르노니 너희 중에 한 사람이 나를 팔리라"(마 26:21). 유다를 포함한 모든 제자들은 "내니이까!"라는 말로 반응하였다(마 26:25). 예수는 "인자를 파는 그 사람에게는 화가 있으리로다"(마 26:24)라는 말씀으로 분명히 유다에게 경고하셨다. 그러나 유다의 이름을 공개적으로 지명하지는 않으셨다. 유다는 예수의 왼편에 있었기 때문에 예수께서 그에게 떡을 주신 것은 보통의 일이었다. 오직 요한만이 진실을 알았다. 그리고 그때 유다는 자리에서 일어나 밖으로 나갔다. 제자들은 그가 가난한 사람들에게 적선하러 가는 것으로 생각하였다. 마지막 순간까지 예수는 유다를 보호하셨고 그에게 회개의 기회를 주셨다.

왜 유다는 그런 일을 하려고 했을까? 아무도 확실한 이유를 모른다. 그러나 우리는 그것에 대해 추측해 볼 수 있고, 몇 가지 해답을 찾아볼 수 있다.

한 가지 제안은 유다가 위대한 메시아적 기대를 가진 충성된 유대인이었다는 것이다. 그는 이스라엘에 다시 한번 하나님의 왕국이 세워지는 것을 보고자 하였다. 그래서 세례 요한에게 그토록 매료당했던 것이다. 그러나 세례 요한은 기적의 사람이 아니었다. 예수는 기적의 사람이었기 때문에 유다가 마음을 바꾸어 예수를 따른 것은 쉬운 일이었다. 사역 초기에 주님은 엄청난 군중을 모으셨고 하나님 나라의 도래를 선포하셨다. 그러나 그러고 나서 그의 사역의 초점이 바뀌었다. 감옥에 있던 세례 요한조차 예수가 과연 메시아인가를 의아해 할 정도였다(마 11:1-6). 유다에게는 예수가 그의 메시아에 관한 꿈을 충족시키지 못하리라는 것이 분명했다.

그는 이미 공개적으로 예수와 그의 제자들과 같은 부류로 여겨지고 있었기 때문에 배를 포기할 수 없었으며, 어느 정도의 신뢰는 여전히 유지하고 있었다. 그래서 그는 그대로 남아 있었으나 할 수만 있으면 언제라도 빠져나가고자 하였다. 그는 돈궤에서 돈을 훔치기 시작했다(아마 부유한 젊은이가 예수를 따르지 않기로 했을 때 유다의 마음이 심히 아팠을 것이다). 수개월에 걸쳐 탐욕이라는 암이 괴로움이란 암과 더불어 그의 마음을 갉아먹기 시작했다. 만일 예수가 실패한다면 유다도 그와 함께 실패할 것이다. 그러나 왜 실패해야 한단 말인가? 만일 유다가 예수에게 불리한 증언을 한다면 그는 돈을 얻을 수 있고 동시에 복수심을 만족시킬 수도 있을 것이다. 그는 종교 지도자들에 의해 받아들여지고 남은 여생을 배신의 열매를 즐기며 보낼 수 있을 것이었다.

앞에서 언급된 대로 유다는 갈릴리 사람이 아니었다. 그는 유대의 그리욧 출신이었다. 갈릴리 사람들은 유대 사람들보다 더 많은 자유를 누리고 있었다. 유대는 로마 정부에 의해 통치되고 있었기 때문이다. 유다의 민족 정신이 그의 몰락을 초래하는 데 기여했을 수도 있다. 사탄은 이 사람의 삶에서 몇 가지 발판을 마련해 두고 있었다. 바로 돈을 사랑함, 점점 심해지는 예수를 향한 증오 그리고 정치적인 열정이었다. 예수를 배신함으로써 이 세 가지 모두를 동시에 얻는 만족을 누릴 수 있을 것이었다.

물론 이 모든 것은 추측에 불과하다. 그러나 아주 의미 없는 말은 아니며 인간 본성과 일치되는 말이기도 하다. 우리가 아는 것은 유다가 이 땅에서 가장 위대한 사랑을 배신하였다는 것이다.

4. 자살

우리는 이미 이 무서운 행위의 몇 가지 면에 대해 논의한 바가 있다. 그러나 몇 가지 더 생각해 봐야 할 요소들이 있다. 무엇보다 우선 유다는 자신의 죄를 회개하지 않았다. "때에 예수를 판 유다가 그의 정죄됨을 보고 스스로 뉘우쳐…"(마 27:3). 뉘우침과 후회는 회개와 다르다. 물론 유다는 사탄의 권세 아래 굴복했으며, 그리고 이제 너무도 늦은 것이다.

그러나 왜 자살이란 말인가? 왜 그 나라로부터 도망쳐서 그 상황에서의 최선을 추구하지 않았단 말인가? 왜냐하면 사탄은 살인자요(요 8:44) 파괴자(계 9:11)이기 때문이다. 그는 처음에는 거짓말하는 뱀으로 와서("이런 짓을 해도 별 문제가 없을 거야!") 멸망의 사자로 돌변한다(벧전 5:8). 사탄은 사람들이 스스로를 파괴하도록 유도하기 위해 절망과 죄책감이란 도구를 이용한다. 그는 희망이 없고 도움받을 곳이 없는 사람들을 먹이 삼아서 그들에게 희망과 도움이 전혀 없다는 확신을 가지게 한다. 그들의 최선의 해결책은 스스로를 파괴하는 것이다.

유다의 행동은 구약성경에 등장하는 아히도벨(삼하 15-17장)의 성격과 유사하다. 아히도벨은 다윗의 모사였으나 배반자가 되어 다윗의 아들이자 아버지를 반역하여 예루살렘에서 몰아

낸 압살롬의 편에 서게 된다. 아히도벨은 자신의 권고가 받아들여지지 않자 "자기 집에 이르러 집을 정리하고 스스로 목매어"(삼하 17:23) 죽는다. 다윗이 시편 41:9에 쓴 구절은 이 사건에 적용된다. 이 구절은 요한복음 13:18에서 인용되었고, 마태복음 26:23과 누가복음 22:21에서 언급되었다.

유다의 심리적 영적 기질은 지난 수개월에 걸쳐 쇠락해 갔다. 은밀한 죄는 인간의 내면에 이런 일을 행할 수 있는 방법을 가지고 있다. 사탄은 유다를 인계하였고 저항할 수 없었다. 유다는 자신을 멸망시킴으로써 이 모든 것을 끝냈지만 그것은 단지 상태를 더 악화시켰을 뿐이었다. 그는 영벌이 기다리는 지옥으로 갔기 때문이다. "유다가 그 조각을 받고 곧 나가니 밤이러라"(요 13:30). 유다에게는 여전히 밤이었다. 그리고 영원히 밤이 계속될 것이다.

5. 멸망의 자식

요한복음 17장에 있는 주님의 기도 중 유일하게 매끄럽지 못한 부분이 유다에 관한 언급이다. 유다는 그가 건드린 모든 것을 불결하게 하였다. 예수께서 이 배반자에게 주신 이름에도 추한 느낌이 있다: 멸망의 자식. "멸망"이란 단어는 파괴, 파멸, 상실, 허비 등을 뜻한다. 그것은 제거라는 뜻은 가지지 않는다. 유다는 향유를 허비한 데 대해 마리아를 비난하였으나, 그는 자신의 기회와 선물 그리고 생명을 허비하였다. 그가 남긴 것이라고는 "피밭"이란 추한 이름의 묘지뿐이다.

"멸망의 자식"이라는 칭호는 성경에서 성경학자들이 "적그리스도"라고 부르는 인물을 묘사하기 위해서도 쓰였다(살후 2:3). 이 사람은 이 세상 최후의 그리고 이 세상에서 가장 대단한 독재자가 될 것이며, 끝날까지 하나님과 그리스도에 대항할 것이다. 하나님께 속한 모든 것을 파괴하는 것이 그의 본성이기 때문에 그는 "멸망의 자식"으로 불린다. 그는 잠시 성공하는 듯이 보일 것이나 예수 그리스도가 재림하셔서 그를 멸망시키실 것이다.

어떤 교사들은 유다가 바로 이 사람이 될 것이며, 그가 무덤에서 일어나 악의 화신이 될 것이라고 생각한다. 유다와 적그리스도 사이에 유사점이 있는 것은 분명하지만, 이 유사점이 반드시 위의 논리의 증거가 될 수는 없다. 사탄은 유다 안에서 그리고 유다를 통하여 일하였으며, 적그리스도 안에서 그리고 적그리스도를 통하여 일할 것이다(살후 2:9). 이 두 사람은 파괴와 파멸에 관련되었기 때문에 둘 다 "멸망의 자식"이라고 불린다.

가롯 유다의 비극으로부터 우리가 배울 수 있는 실제적인 교훈은 무엇인가? 첫째, 유다는 예수 그리스도라는 인간에 대한 증인이라는 것이다. 우리 주님의 삶과 사역에 관해서 의심할 만한 것이 무엇이라도 있었다면, 유다는 그것을 알고 있었을 것이며 예수에 대항하기 위해 그것을 사용하였을 것이다. 그러나 유다는 예수가 무죄라고 고백하였다. 예수가 자신이 주장한 그런 존재가 아니었다면, 유대 지도자들은 재판에 거짓 증인들을 고용할 필요가 없었을 것이다.

둘째, 유다는 또한 죄가 우리의 삶에서 자라는 것을 허용하는 데 대한 경고이다. 죄는 손님으로 우리에게 찾아와서 친구가 되지만 그 후에는 주인이 된다. 죄는 서서히 자라지만 철저하게 다루어져야 한다.

셋째, 유다는 교회의 강인함에 대한 증인이다. 제자의 무리 중에 배신자가 있었지만, 그는 하나님께서 하시는 일을 방해하거나 파괴할 수 없었다. 양의 옷을 입은 늑대들이 여전히 양 떼를 잡아먹으려 하고 있다(마 7:15, 행 20:29-30). 교회는 성공할 때와 실패할 때가 있고 약할 때와 강할 때가 있겠지만, 그러나 승리할 것이다.

넷째, 가롯 유다는 사람들이 반만 그리스도를 따르고 그를 완전히 신뢰하지 않을 때 어떤 일이 일어나게 되는가를 보여주는 예이다. 나는 크리스천으로 표방되지만 예수 그리스도에 대한 믿음으로 거듭난 적이 없는 사람들이 교회에 많이 있을 수도 있다는 것을 두려워한다. 유다는 큰 공적인 범죄를 저지르고 있지 않았다. 나는 그가 동료들과 예수를 따르던 사람들에게서 상당한 존경을 받고 있었으리라 확신한다. 그러나 그는 위선자였다. 그의 사역은 그의 죄악의 가리개에 불과하였다. 다른 사도들과 마찬가지로 유다도 기적을 행하였고 설교를 하였으리라 믿는 것은 합리적이다. 그러나 그는 죽어 지옥에 갔다. "나더러 주여 주여 하는 자마다 천국에 다 들어갈 것이 아니요 다만 하늘에 계신 내 아버지의 뜻대로 행하는 자라야 들어가리라. 그날에 많은 사람이 나더러 이르되 주여 주여 우리가 주의 이름으로 선지자 노릇 하며 주의 이름으로 귀신을 쫓아내며 주의 이름으로 많은 권능을 행치 아니하였나이까 하리니 그 때에 내가 저희에게 밝히 말하되 내가 너희를 도무지 알지 못하니 불법을 행하는 자들아 내게서 떠나가라 하리라"(마 7:21-23).

마지막으로 유다는 우리에게 사람이 진리와 구원에 가깝게 접근하고도 결국 구원을 받지 못할 수 있다는 것을 상기시켜 준다. 만약 어떤 사람이 유다가 그랬던 것처럼 예수를 아는 특권을 누렸다 하더라도, 이것이 그를 구원으로 인도하지는 못한다. 유다는 주님의 설교를 들었으며, 주님이 기적 행하시는 것을 보았고 주님과 함께 살기까지 했으며, 주님의 재정을 맡아 운영하였으나 구원받지 못한 채 죽었다. 존 번연은 이 두려운 진리를 그의 천로역정 마지막에 다음과 같이 기술하였다.

"나는 천국의 문으로부터도 지옥을 향한 길이 나 있는 것을 보았다."

유다는 밖으로 나갔고 "때는 밤이었다."

"너희에게 아직 빛이 있을 동안에 빛을 믿으라 그리하면 빛의 아들이 되리라"(요 12:36).

이 세상에서의 삶

> 지금 내가 아버지께로 가오니 내가 세상에서 이 말을 하옵는 것은 저희로 내 기쁨을 저희 안에 충만히 가지게 하려 함이니이다. 내가 아버지의 말씀을 저희에게 주었사오매 세상이 저희를 미워하였사오니 이는 내가 세상에 속하지 아니함같이 저희도 세상에 속하지 아니함을 인함이니이다. 내가 비옵는 것은 저희를 세상에서 데려가시기를 위함이 아니요 오직 악에 빠지지 않게 보전하시기를 위함이니이다. 내가 세상에 속하지 아니함같이 저희도 세상에 속하지 아니하였삽나이다.
>
> 요한복음 17:13-16

우리는 "세상"이라는 단어가 요한복음 17장에서 중요한 개념이라는 것을 배웠다. 예수는 이 단어를 19번 쓰셨으며, 세 가지 다른 의미로 즉 (1) 5절에서처럼 물질 세계를 의미하거나 (2) 18절에서처럼 사람들을 의미하거나 혹은 (3) 6, 14, 15절에서처럼 하나님을 거스르는 "세상 체제"를 의미하는 것으로 쓰셨다.

크리스천은 인생에서 독특한 위치에 놓여 있다. 그는 육체적으로 "이 세상"에 살고 있으나, 영적으로는 "이 세상의" 사람이 아니다. 그의 삶의 원천들은 악한 이 세상 체제로부터 말미암지 않고 주님으로부터 말미암는다. 그는 "이 세상"에 있지만 세상과는 다르게 살아야 한다. 여전히 이 세상에 있는 사람들을 향해 해야 할 일이 있기 때문이다. 우리는 "이 세상으로부터" 사람들을 얻기 위해 이 세상에 있으며, 예수 그리스도가 재림하실 때 들어 올려질 것이란 영광스런 기대를 가지고 산다.

다른 말로 하면 크리스천들은 적의 영토에서 살고 있다. "세상에서는 너희가 환난을 당하나"(요 16:33). "너희가 세상에 속하였으면 세상이 자기의 것을 사랑할 터이나 너희는 세상에 속한 자가 아니요 도리어 세상에서 나의 택함을 입은 자인 고로 세상이 너희를 미워하느니라"(요 15:19). 우주 공간에 있는 우주인처럼 혹은 바다 밑바닥에 있는 잠수부처럼, 크리스천은 그의 세계로부터 벗어나 있다. 그리고 우주인이나 잠수부처럼 성공적으로 살기 위해서는 외부의 자원에 의지해야만 한다.

예수 그리스도는 우리가 세상을 이기기 위해서 필요한 영적인 자원들을 제공해 주신다.

1. 그의 기쁨 (13절)

예수가 기쁨의 사람이었다는 것이 어떤 사람들에게는 충격적으로 다가온다. 우리는 대부분의 경우 그를 "비탄의 사람"으로 묘사하는 것을 듣게 된다(사 53:3). 물론 그는 "비탄의 사람"이었지만 또한 주님의 기쁨으로 가득 찬 사람이기도 하였다. 그는 이 땅에서 일하시는 동안 가장 깊은 슬픔과 가장 높은 기쁨을 경험하셨다. 사람들이 죄로 인해 스스로를 파멸시키는 것을 보며 그의 가슴은 찢어졌다. 잃어버린 영혼을 구하시고 삶을 새롭게 하시는 하나님의 역사를 볼 때 그의 가슴은 기쁨으로 벅찼다. 그는 잃어버린 양을 찾아 헤매는 목자의 슬픔을 맛보셨으며 되찾은 양을 집으로 데려오는 목자의 기쁨을 맛보았다.

삶에서 기쁨이란 것은 슬픔이 없는 상태를 말하는 것이 아니다. 아랍인들은 이런 속담을 가지고 있다. "태양만 빛난다면 사막이 된다." 만일 하나님이 우리를 슬픔으로부터 격리시키신다면 우리는 결코 성장할 수도, 성숙한 인격을 형성할 수도 없을 것이다. 천국은 기쁨만 있고 슬픔이 없는 곳이며, 지옥은 슬픔만 있고 기쁨이 없는 곳이다. 그러나 현재 우리의 삶은 이 두 가지가 복합된 곳이다. 예수께서 슬픔의 한가운데서 기쁨을 가지실 수 있었다는 것은 우리 역시 같은 것을 경험할 수 있음을 증언한다.

예수는 그의 기쁨을 우리와 함께 나누신다. "내가 세상에서 이 말을 하옵는 것은 저희로 내 기쁨을 저희 안에 충만히 가지게 하려 함이니이다"(13절). 예수는 항상 무엇인가를 우리와 함께 나누고 계신다! 그는 그의 사랑을 나누신다. "아버지께서 나를 사랑하신 것같이 나도 너희를 사랑하였으니 나의 사랑 안에 거하라"(요 15:9). 그는 그의 평안을 나누신다. "평안을 너희에게 끼치노니 곧 나의 평안을 너희에게 주노라"(요 14:27). 나의 사랑, 나의 기쁨, 나의 평안-"오직 성령의 열매는 사랑과 희락과 화평과…"(갈 5:22).

예수 그리스도의 기쁨을 경험한 크리스천은 세상이 줄 수 있는 어떤 것에 관심을 기울이지 않을 것이다. 두 사람이 사랑에 빠졌을 때, 그들은 서로에게 온전히 만족하기 때문에 제삼자에게 매료당하지 않는다. 만일 남편이나 아내가 다른 곳에서 더 큰 기쁨을 찾기 시작한다면 문제가 발생하는 법이다. 크리스천의 기쁨은 예수 그리스도와의 관계가 점점 더 깊어지는 것이다. 우리는 그 안에서 그에 대해서 그리고 우리 자신에 대해서 더 많은 것을 배우게 된다. 우리가 자신에 관해서 더 많이 배울수록 자신에게 필요한 것을 더 잘 보게 된다. 그러나 그리스도에 관해서 많이 배울수록, 우리는 그리스도께서 우리의 필요를 얼마나 온전히 채우고 계신지를 더 잘 보게 된다. 예수 그리스도의 기쁨은 일상의 사건이나 외부의 일에 종속되지 않는다. 그것은 우리가 내면에서 맛보는 것이며 우리를 둘러싸고 있는 세상의 환경이 빼앗아 갈 수 없는 것이다.

그리스도는 변화에 의한 기쁨을 주신다. 세상은 대체에 의해 우리에게 기쁨을 제공한다.

만일 어떤 아이가 장난감을 망가뜨리면 아이의 어머니는 아이가 가지고 놀 수 있는 다른 장난감을 찾거나 아버지가 새 장난감을 사온다. 그러면 아이는 눈물을 그치며 다시 행복해진다. 이것은 대체에 의한 기쁨이다. 당신은 고통을 즐거움으로 대체한다. 그러나 삶에 대한 이러한 접근법은 심각한 문제를 가지고 있다. 한 가지는 당신이 언제나 대용품을 가질 수는 없다는 것이다. 새 인형을 찾는 것과 새 아내나 남편 혹은 새 팔이나 다리를 찾는 것은 전혀 별개의 문제이다. 그러나 더 큰 문제가 있다. 대체의 철학은 우리를 미성숙의 상태로 남아있게 하는 경향이 있다. 그것은 사람을 대체품에 의존하여 살도록 만든다.

성인들은 인형을 가지고 놀지는 않지만 다른 장난감들을 가지고 있으며 대용품을 찾는 데 꽤 익숙하다. 삶이 견디기

힘들면 그들은 근심거리를 술로 대체할 수 있다. 몇 시간의 오락, 아마 몇 대의 마약으로 며칠을 지탱할 수도 있을 것이다. 진짜 문제에 부딪혀 그 문제의 해결책을 찾는 대신, 성, 사치, 여행, 심지어는 가족간의 싸움으로 대안을 삼고 있다. 대체에 의해 사랑하는 사람들은 자기 중심적이고 유아적인 경향이 있다. 그들은 항상 대용품에 의지하기 때문에 슬픔, 고통, 실망에 어떻게 대처해야 하는지를 배우지 못한다.

예수는 변화의 원리를 아이를 낳는 여인에 비유하여 보여 주셨다. "내가 진실로 진실로 너희에게 이르노니 너희는 곡하고 애통하리니 세상이 기뻐하리라 너희는 근심하겠으나 너희 근심이 도리어 기쁨이 되리라. 여자가 해산하게 되면 그 때가 이르렀으므로 근심하나 아이를 낳으면 세상에 사람 난 기쁨을 인하여 그 고통을 다시 기억지 아니하느니라. 지금은 너희가 근심하나 내가 다시 너희를 보리니 너희 마음이 기쁠 것이요 너희 기쁨을 빼앗을 자가 없느니라"(요 16:20-22).

이것은 대체를 통해서가 아니라 변화를 통해 오는 기쁨을 완벽하게 보여 주고 있다. 고통을 초래한 그 아이로부터 기쁨 또한 온다. 예수님은 "너희 슬픔이 기쁨으로 대치되리라"고 하지 않으셨다. 그는 "너희 슬픔이 기쁨으로 변할 것이다"라고 말씀하셨다. 이것이 변화이다. 우리의 삶에 슬픔을 가져온 바로 그것을 변화시켜 하나님은 기쁨을 주신다. 세상은 바로 이런 종류의 영적인 변화를 가져올 수 없기 때문에 대체품에 의존하는 것이다.

육체의 가시를 지녔던 바울의 경험은 이 원리를 잘 보여준다. 우리들 누구나 그러하듯이 바울은 우선 그 가시를 없애달라는 기도를 드렸다. 그것은 대체를 구하는 기도였다. 하나님은 가시를 제거하지 않으셨지만 그 가시를 무기에서 연장으로 변화시키기 위해 바울에게 필요했던 은총을 주셨다. "이러므로 도리어 크게 기뻐함으로 나의 여러 약한 것들에 대하여 자랑하리라 이는 그리스도의 능력으로 내게 머물게 하려 함이라"(고후 12:9).

이러한 종류의 기쁨은 아무도 빼앗을 수 없다. 대체에 의한 기쁨은 항상 도난당하거나 잃어버릴 위험이 있지만, 슬픔이 변하여 기쁨이 된 것은 아무도 낚아채 가지 못한다. 왜 그런가? 이러한 기쁨은 인격의 한 부분이기 때문이다. 한 크리스천이 고통과 슬픔을 기쁨으로 변화시키는 법을 배울 때, 그의 인격이 성장한다. 다른 사람이 이 인격을 그에게서 빼앗아 갈 수 없다. 오직 자기 자신만이 자신의 인격을 파괴시킬 수 있다.

이 원리는 왜 크리스천은 세상이 제공하는 기쁨의 대용품들에 관심을 두지 않는가를 설명하는 데 도움을 준다. 사람들이 즐겨 쓰는 표현을 빌리자면 우리는 "진짜"를 원한다. 우리는 시련과 슬픔이 우리 앞에 있다는 것을 안다. 그러나 우리는 하나님께서 바로 오늘이 아니라도 우리가 영광 중에 그분을 다시 뵙게 될 때 이 슬픔을 기쁨으로 바꿔 주실 것을 안다. "그러므로 우리가 낙심하지 아니하노니 겉 사람은 후패하나 우리의 속은 날로 새롭도다. 우리의 잠시 받는 환난의 경한 것이 지극히 크고 영원한 영광의 중한 것을 우리에게 이루게 함이니"(고후 4:16-17).

2. 그의 말씀(14절)

이 세상을 이길 우리의 두 번째 자원은 하나님의 말씀이다. 우리 주님은 그의 기도에서 말씀의 선물을 두 번 언급하셨다 (8, 14절). 우리는 기만당하고 기만하는 세상에서 살고 있기 때문에 말씀의 진리를 소유하는 것이 절대적으로 필요하다. 이 세상 체제의 거짓을 이길 수 있는 것은 우리의 말이 아니라 하나님의 말씀이다.

물질 세계는 하나님의 말씀에 의해 창조되었다. "하나님이 가라사대 있으라 하시니 그대로 되었다." 창조는 이렇게 요약될 수 있다. "여호와의 말씀으로 하늘이 지음이 되었으며 그 만상이 그 입 기운으로 이루었도다…저가 말씀하시매 이루었으며 명하시매 견고히 섰도다"(시 33:6, 9). 우주를 창조하신 바로 그 말씀이 또한 우주를 받치고 있다(벧후 3:7). 창조된 세계에서는 인간을 제외한 만물이 하나님의 말씀에 복종하고 있다.

우리가 앞에서 언급했듯이, 크리스천들은 이 물질 세계에 살고 있지만 오늘날의 사회를 움직이는 "세상 체제"에 속해 있는 것은 아니다. 우리가 "세상 체제"라고 하는 것은 "하나님 없이 그리고 하나님에 대항하여 조직된 사회"라는 말로 잘 정의될 수 있을 것 같다. 믿는 사람의 시민권은 하늘에 있으며, 그의 관심은 영적이며 영원한 것을 향한다. 불신자의 시민권은 이 땅에 있으며, 그의 관심은 육체적이고 물질적이며 일시적인 것을 향한다. 구원받지 못한 죄인들은 영적인 것을 보되 그것을 이해하지 못하고 또 거절한다. 믿는 사람은 이 세상의 것들을 보고(요일 2:15-17) 또한 잘 이해하지만 그것을 거절한다. 그러므로 갈등이 있는 것이고 세상은 신자들을 미워한다.

"현상 상태"라는 말을 "우리가 처해 있는 혼돈"으로 정의한 한 설교자는 그가 무엇에 대해 말하고 있는지 알고 있었다. 세상 체제는 하나님의 말씀을 거부하고 인간의 지혜와 이 세상의 지혜로 하나님의 말씀을 대신하였다. 세상은 특별한 경우에 하나님께 모자를 살짝 들어 올릴 수는 있겠으나, 어떤 경우에도 무릎을 꿇으려고는 하지 않는다. 그 결과로 우리는 현상 상태-지금의 혼돈-에 처하게 된 것이다. 우리는 더 많은 법을 가지고 있으나 그보다 더 많은 불법 또한 가지고 있고, 더 많은 지식을 가지고 있으나 지혜는 부족하며, 더 많은 부와 더 적은 가치, 더 많은 힘과 그 이상의 약함을 가지고 있다. 내가 이 글을 쓰는 동안 25달러 정도의 기름에 의해 결국 해결된 문제 때문에 우주선의 출발이 지연되고 있었다. 이 일은 납세자들에게는 하루 300만 달러의 부담이다.

하나님의 말씀이 어떻게 우리로 하여금 이 세상을 이기도록 돕는가 하는 것은 우리가 알고 있어야 할 중요한 지식이다. 우선, 말씀은 세상을 있는 그대로 드러낸다. 롯은 소돔이 인상적이었지만, 아브라함에게는 그렇지 않았다. 왜 그런가? 아브라함은 그의 눈을 더 좋은 도시에 두고 있었기 때문이다 (히 11:10). 롯이 아브라함과 상의를 했더라면 소돔을 피하여 그의 장막에 거하였을 것이다. 그러나 롯은 세상에 매료당했으며, 그래서 소돔으로 이주하였고, 결국 모든 것을 잃고 말았다. 만일 모세가 이집트의 특권과 즐거움에 사로잡혔다면 그는 결코 왕궁을 떠나 유대 민족과 하나가 되지 않았을 것이다. 그러나 그는 이집트를 있는 그대로 보았으며 그것을 원하지 않았다. "그리스도를 위하여 받는 능욕을 애굽의 모든 보화보다 더 큰 재물로 여겼으니 이는 상 주심을 바라봄이라"(히 11:26). 말하기 슬픈 일이지만, 이스라엘 사람들은 모세의 비전을 함께하지 않았고 일이 어려워지면 이집트로 되돌아가려 하였다. 오늘날 크리스천들도 여전히 이들과 같다.

성경은 이 세상 체제에 대해 좋게 말하는 것이 없다. 성경에서는 "바빌론"과 "거룩한 시온산"의 대비가 반복되고 있다. 이 세상의 지혜는 하나님 보시기에 어리석은 것이다(고전 1:18-31). 이 세상과 친구가 되는 것은 하나님과 원수가 되는 것이다(약 4:4). 이 세상에 대한 사랑은 우리에게서 아버지의 사랑을 빼앗아 간다(요일 2:15-17). 사탄은 이 세상의 왕자이다(요 14:30). 이 세상의 풍조는 지나가 버리는 것이다(고전 7:31). 사실, 이 세상 자체가 지나가 버리는 것이다(요일 2:17).

이 세상과 친구가 된 크리스천(약 4:4)은 세상에 물든 자신을 발견하게 될 것이다(약 1:27). 믿는 사람이 단 한 번에 세상에 빠져 버리는 경우는 거의 없다. 대개는 조금씩 세상과 가까워지다가 빠지게 된다. 세상과 친구가 되면 세상을 사랑하게 된다(요일 2:15). 그리고 세상을 사랑하게 되면 세상에 동화된다(롬

12:2). 분리되어야 할 것을 모방하는 것이다. 그 결과는 무엇인가? 세상과 함께 정죄되고 롯처럼 모든 것을 잃어버리는 위험에 빠지게 된다(고전 11:32).

하나님의 말씀은 세상의 진정한 모습을 우리에게 밝혀 줄 뿐만 아니라, 세상과 우리의 개인적 관계에 대해서도 자세히 말해 준다. 진정한 신자는 공격적이기 때문이 아니라 예수 그리스도를 나타내기 때문에 세상으로부터 미움을 받을 것이다 (슬픈 일이지만 싸움을 선택하는 공격적인 크리스천들이 있다. 그러나 이는 예수님이 말씀하신 바가 아니다). "세상이 너희를 미워하면 너희보다 먼저 나를 미워한 줄을 알라. 너희가 세상에 속하였으면 세상이 자기의 것을 사랑할 터이나 너희는 세상에 속한 자가 아니요 도리어 세상에서 나의 택함을 입은 자인 고로 세상이 너희를 미워하느니라…그러나 사람들이 내 이름을 인하여 이 모든 일을 너희에게 하리니 이는 나 보내신 이를 알지 못함이니라" (요 15:18-19, 21).

이 세상이 한 크리스천을 사랑하고 영예롭게 한다면 이는 위험한 일이다. 바울은 그와 다른 사도들이 "세상에 구경거리"(고전 4:9)가 되었다고 선언하였다. "구경거리"라고 번역된 그리스어로부터 theater라는 영어 단어가 나왔다. 이 단어는 "공개적으로 드러내어 부끄럽게 한다"는 뜻을 가지고 있다.

우리가 "자신을 구경거리로 만들다"라는 말을 할 때 갖는 그런 의미이다. 세상은 마치 구경꾼들이 극장 쇼를 볼 때 그러하듯이 우리를 조롱하고 우리의 말을 진지하게 듣지 않는다.

바울은 또한 그와 사도들이 "만물의 찌끼"(고전 4:13)가 되었다고 하였다. 이 단어는 "폐물, 쓰레기, 오물"을 뜻한다. 우리는 쓰레기가 아무 가치가 없기 때문에 버린다. 세상 사람들이 "하나님", "진리" 혹은 "사랑"에 대해 수없이 많은 말을 하지만, 그러나 세상은 교회에 가치를 두지 않는다. 크리스천은 성경이 세상과 또 우리와 세상의 관계에 대해 말하는 것을 빨리 믿으면 믿을수록 세상을 이기며 사는 생활도 더 빨리 시작할 수 있다. 세상 체제와 크리스천이 서로 사이좋게 지내는 것은 불가능하다(고후 6:14-7:1). 아브라함은 소돔 왕으로부터 신들메라도 받기를 거절했다. 그것이 그의 행로에 영향을 주고 사람들에게 아브라함이 세상의 도움을 필요로 하였다는 생각을 가지게 할 것을 걱정하였기 때문이다.

하나님의 말씀은 우리가 세상에서 세상에 속하지 않은 채로 사는 데 필요한 동력을 제공한다. 그것은 우리의 영적인 양식이며 음료이고, 우리를 인도하는 빛이며 사람들이 우리를 비난할 때 우리의 편이 되어 준다(시 119:23-24). 말씀은 우리의 검이다(엡 6:17). 시편 1편의 "복있는 사람"처럼 우리는 말씀을 묵상함으로써 행보를 조절하고 하나님의 영광을 위한 열매를 만들어 낼 수 있다. 마음과 뜻이 하나님의 말씀에 드려졌을 때, 악한 이 세대에서 조심스럽게 걸어가기 위해 우리에게 필요한 분별과 힘이 우리에게 주어질 것이다.

세상 체제는 물론 성경을 미워하고 파괴하고자 시도해 왔다. 사탄은 하나님의 말씀을 부인했으며("하나님이 참으로 너희더러…하시더냐"), 바로는 하나님의 말씀을 비웃었고, 여호야김 왕은 말씀을 불태웠으며(렘 36장), 오늘날 세상은 성경을 다른 "고대 종교 서적"과 함께 도서관 서고에 넣어 두었다. 그러나 하나님의 말씀은 남아 있다. 그리고 이 말씀은 왕들과 철학자들이 사라진 뒤에도 오랫동안 여기에 있을 것이다!

다른 무엇보다도 말씀의 사역에 해가 되는 것은 교회의 부주의한 경시이다. 세상은 하나님의 말씀을 파괴할 수 없으나, 교회는 조심성 없는 삶과 천박한 사역으로 말씀의 사역을 패퇴시킬 수 있다. 우리가 말씀을 읽고 공부하고 암송하고 묵상하고 행하지 않는다면 세상을 이기는 대신 세상에게 정복당할 것이다.

3. 그리스도와의 동일성(14, 16절)

요한일서 4:17에서 요한은 크리스천들과 주님에 관해서 놀라운 말을 하고 있다. "주의 어떠하심과 같이 우리도 세상에서 그러하니라." 그리스도는 하늘에 계시고 우리는 땅에 있다. 그러나 성령을 통해 나누는 삶에서 우리는 연합되어 있다. 심해의 잠수부가 수면 위로 연결된 생명선이 필요한 것처럼, 이 세상에 있는 우리도 마찬가지이다.

물론, 이 위대한 특권은 상당한 책임을 수반한다. 우리는 "저가 빛 가운데 계신 것같이"(요일 1:7) 빛 가운데로 걸어가야 한다. "그의 행하시는 대로"(요일 2:6) 행해야 한다. "그의 깨끗하심과 같이"(요일 3:3) 우리 자신을 깨끗하게 하여야 한다. "그의 의로우심과 같이"(요일 3:7) 의로워야 한다. 어느 날 그가 우리를 위하여 다시 오셨을 때, 우리는 "그의 계신 그대로 볼 것을"(요일 3:2) 인하여 그와 같은 모습일 것이다.

그리스도와의 동일성은 오늘날 이 세상에서 사는 우리의 삶에 위엄과 권위를 준다. 외국에 나간 외교관이 본국과 접촉을 유지하는 것처럼, 믿는 사람은 영화롭게 된 그리스도와의 교제를 유지한다. 우리는 왕 중의 왕을 대표한다! 두려움으로 움츠릴 필요가 없다. 대신 믿음으로 나아가자. "대저 하나님께로서 난 자마다 세상을 이기느니라 세상을 이긴 이김은 이것이니 우리의 믿음이니라"(요일 5:4). 이 문장의 시제를 주목해 보았는가? "세상을 이긴"이라고 말하고 있다. 승리는 이미 쟁취된 것이다! "세상에서는 너희가 환난을 당하나 담대하라 내가 세상을 이기었노라"(요 16:33).

이러한 "동일성"을 어떻게 실행으로 옮길 것인가? 한 가지는 승천하신 구세주를 통해 우리의 아버지께 기도를 드리고 그의 은혜의 보좌에서 우리가 발견하는 영적인 힘에 의존하는 것이다. 바빌론의 다니엘은 우상 숭배와 거짓 종교, 그리고 그가 지니고 있던 것과 정반대되는 세상 체제에 둘러싸여 있었다. 그러나 다니엘은 세상과 분리된 경건의 삶을 유지할 수 있었다. 그의 비밀은 무엇인가? 하루에 세 번 그는 방으로 가서 하나님께 기도하였다(단 6:10).

"우리의 동일성"을 실행하는 또 다른 방법은 일상에서 그리스도를 모방하기를 추구하는 것이다. 그리스도를 모방하려 하는 것으로 구원을 얻는 것은 아니지만, 그를 닮아가려고 노력하는 것은 우리가 구원을 얻었다는 한 증거이다. "저 안에 거한다 하는 자는 그의 행하시는 대로 자기도 행할지니라"(요일 2:6). 나는 네 복음서에 기록된 주님의 삶에 관한 기록들을 주의 깊게 그리고 자주 읽어 볼 것을 권한다. 우리는 이 기록들에서 모범으로서의 주님을 보게 된다. 그러나 그는 본보기 이상이다. 왜냐하면 그가 원하시는 대로 살 수 있는 힘을 그의 영에 의해서 받기 때문이다. 그것은 모방 이상이다. 그것은 그리스도화 하는 것이다. "내 안에 그리스도께서 사신 것이라"(갈 2:20).

물론, 우리가 그리스도와 함께 살기 시작하면 세상은 그리스도를 대접했듯이 우리를 대접할 것이다. "내가 너희더러 종이 주인보다 더 크지 못하다 한 말을 기억하라 사람들이 나를 핍박하였은즉 너희도 핍박할 터이요 내 말을 지켰은즉 너희 말도 지킬 터이라"(요 15:20). 바울은 이 경험을 "그의 고난에 참여함"(빌 3:10)이라고 불렀다. 우리가 예수처럼 고난을 받을 뿐만 아니라, 예수 또한 우리와 함께 고난을 받으신다. 우리는 이 경험에서 연합되어 있는 것이다.

오늘날 장려되고 있는 크리스천의 삶에 대한 잘못된 견해를 보는 것은 마음을 불편하게 한다. 설교자들과 가수들과 작가들은 이 세상에서의 우리의 경험이 구세주께서 세상에 계실 때 경험하신 것과 마치 다른 것처럼 말한다. 그들은 우리에게 부자가 되어야 한다고 말하지만, 예수는 가난하셨다. 예수는 "멸시를 받아서 사람에게 싫어 버린 바" 되었으나, 그들은 우리에게 인기를 얻고 영접받아야 한다고 말한다. 인기를 얻도록 말하는 사람들은 십자가에 관해서는 거의 아무 말도 하지 않는다. 그리고 그들이 설교하는 십자가는 예수께서 달려 죽으시고 우리가 세상에 대하여 못 박혔으며 세상이 우리에 대하여 못 박힌(갈 6:14) 그 십자가와 거의 공통점이 없다. 오늘날 영적인 성공의 표식은 성경에서 경고한 세속의 표식과 하등 다를 바 없다. "이는 세상에 있는 모든 것이 육신의 정욕과 안목의 정욕과 이생의 자랑이니"(요일 2:16).

세상이 우리를 동화시키려고 노력하면 우리는 하늘에 계신 그리스도와 연합해 있음을 상기할 필요가 있다. "주의 어떠하심과 같이 우리도 세상에서 그러하니라"(요일 4:17). 우리는 땅에서 주님을 대표하고 있고, 주님은 하늘에서 우리를 대표하고 계시다. 우리가 만일 오직 그에게 복종하고 그의 영이 우리 안에서 일하시도록 한다면, 그가 하늘에서 어떠하심과 같이 우리도 땅에서 그러할 수 있다. 이 세상에서 우리의 삶에 찾아오는 고통과 박해는 우리를 주님과 보다 가깝게 만들기 위해 하나님에 의해 사용될 수 있다. 하나님의 백성을 박해함에 있어서 세상은 오직 패배자일 뿐이다. 왜냐하면 그 고통은 다만 우리가 하나님의 아들의 형상을 닮아가는 것을 도울 뿐이기 때문이다.

4. 우리를 위한 그리스도의 중보기도(15절)

> 내가 비옵는 것은 저희를 세상에서 데려가시기를 위함이 아니요 오직 악에 빠지지 않게 보전하시기를 위함이니이다(15절).

주님은 아버지께서 이 세상에서 우리를 보전하시도록 사려 깊은 기도를 드리셨다. 왜 그러셨는가? 세상이 우리를 필요로 하기 때문이며, 우리는 세상에서 그리스도를 대표할 때 그 축복이 필요했기 때문이다.

나는 이미 세상과 신자의 관계와 관련하여 일부 신자들의 마음에는 몇 가지 잘못된 견해가 있음을 지적하였다. 첫째는 고립, 세상 밖으로 나가는 것이다. 이는 수도원 운동 이면에 있는 철학이다. 문학의 위대한 거인인 사무엘 존슨이 프랑스의 한 수녀원을 방문하여 수녀 중 한 명과 대화를 나눈 적이 있다. "당신은 선을 향한 사랑 때문에 이곳에 있는 것이 아닙니다." 그가 수녀에게 말하였다. "악에 대한 두려움으로부터 벗어나기 위해서입니다." 그러나 세상으로부터 도망치고자 하는 것은 가톨릭 신자들만이 아니다. 복음주의적 신교도들 또한 책임이 있다. 우리는 숲속의 어린아이들처럼 우리끼리 뭉쳐서 자신을 보호하려고 한다. 우리는 도성을 버리고 안전하고 풍요로운 성 외곽에 요새를 건축하였다(외곽도 더 이상 안전한 것은 아니지만). 우리는 우리 자신을 실상으로부터 고립시키고, 우리의 머리를 모래밭에 묻고, 눈을 가린 채 다시 눈을 떴을 때에는 안전하고 정상적인 50년대로 다시 돌아와 있을 것처럼 군다.

우리는 세상에서 필요한 존재들이다. 그리고 (어떤 의미에서) 우리는 세상을 필요로 한다. 우리는 전투에서 싸움으로써 성장한다. 우리의 임무를 지킴으로써 소외된 세상에 십자가의 화해의 메시지를 전달할 수 있다. 요셉과 다니엘은 이교도의 사회에서 살면서 위대한 하나님의 사람들이 되었다. 때로는 "떠나는 것"이 우리에게 유익하지만, 떠나서 거기 머무르는 것은 유익하지 않다. 이 세상 체제와 싸우고, 사람들을 구세주에게로 데려오도록 애쓰면서 우리가 있어야 할 곳은 이 세상이다.

두 번째 잘못된 생각은 불간섭(격리)이다. 가서 세상에서 살되 너 자신을 세상의 문제나 고통으로부터 격리시켜라. 제사장과 레위인은 여리고 도상을 걸어가기는 하였으되, 길 옆에서 죽어가는 사람의 고난을 나누려고 하지는 않았다. 그들은 격리되어 있었다. 크리스천들이 이 세상에서 동정심을 유지한다는 것은 점점 더 어려운 일이 되어 가고 있다. 감정적 자극들이 융단 폭격처럼 쏟아지는 세상이기 때문이다. 우리는 더 이상 "전쟁과 전쟁의 소문들"을 듣지 않는다. 우리는 텔레비전 생중계로 실제 전투를 본다. 신문은 범죄와 폭력과 부정으로 가득 차 있기 때문에 일면을 건너뛰어 만화나 스포츠 면을 보게 된다. 그러나 때로는 범죄와 폭력이 그곳에서 더 심각하다. 우리는 자신을 감정적으로 무디게 하여 왔다. 우리는 더 이상 형제를 지키는 자가 아닌 것이다.

세 번째 잘못된 견해는 모방이다. 이것도 역시 위험하다. "세상에 이르는 유일한 길은 세상과 같아지는 것이다"라는 것이 이 부류의 주장이다. 마치 아담이 에덴 동산을 떠나면서 하와에게 이런 말을 하는 것과 같다. "여보, 우리는 변화의 시대에 살고 있소." "최신"이라는 인기있는 단어는 많은 죄들을 덮고 있다. 그 중 작지 않은 죄가 세상을 무분별하게 모방하는 것이다. 그러나 역사를 보면 교회가 세상과 가장 다를 때 세상을 변화시키기 위해 가장 많은 일을 하였다는 것을 알 수 있다.

주님이 하늘에서 우리를 위해 드리시는 기도는 악한 존재인 사탄으로부터 우리를 지키는 데 초점이 맞추어져 있다. 악마는 이 세상의 왕자이며 이 세대의 신이다. 사탄은 우리에게는 너무나 강한 존재이지만 그리스도에게 이미 패배하였다.

우리가 만일 그리스도에게 의지한다면 그는 우리를 지키실 것이고 악마는 우리를 건드릴 수 없을 것이다(요일 5:18). 이 진리를 잘 보여 주는 곳이 출애굽기 17:8-13이다. 아말렉이 이스라엘을 공격하였다. 모세는 군대와 함께 여호수아를 보내는 한편 자신은 하나님의 지팡이를 손에 들고 산꼭대기로 올라갔다. 모세가 손을 들었을 때 이스라엘은 전투에서 이기기 시작하였다. 그가 손을 내리자 이스라엘이 밀리기 시작했다. 그래서 아론과 훌이 모세가 손을 들고 있을 수 있도록 도왔고, 이스라엘은 적을 무찔렀다. 우리 주님은 하늘에서 우리를 위하여 중재하시며, 그의 손은 결코 지치지 않는다. 우리가 믿음으로 그를 바라보면 우리가 세상에 대항하여 싸울 때 그는 우리에게 승리를 주신다.

하늘에서 우리를 위해 간섭하시는 하나님의 목적은 "모든 선한 일에…자기 뜻을 행하게 하시고 그 앞에 즐거운 것을 우리 속에 이루시기"(히 13:21) 위해 우리를 무장시키시려는 것이다. 그는 우리를 통하여 일하시기 위해 우리 안에서 일하신다. 이 세상에 동화되는 대신에 우리는 마음을 새롭게 함으로 변화된다(롬 12:2). 이것은 우리가 일상생활에서 어떤 결정을 내려야 할 때 지혜와 분별력을 준다. 그리스도의 기쁨, 그의 말씀, 그리스도와 우리의 동일성, 그리고 우리를 위한 하늘에서의 그의 중보기도는 우리가 이 세상을 이기기 위해 가지고 있는 신령한 자원들이다. 우리는 이 자원들을 사용하고 있는가?

9 성도는 특별하다

저희를 진리로 거룩하게 하옵소서 아버지의 말씀은 진리니이다. 아버지께서 나를 세상에 보내신 것같이 나도 저희를 세상에 보내었고 또 저희를 위하여 내가 나를 거룩하게 하오니 이는 저희도 진리로 거룩함을 얻게 하려 함이니이다.

요한복음 17:17-19

오늘날 신자들을 지칭하는 데 가장 많이 쓰이는 이름은 "크리스천"이지만, 이 이름은 신약성경 전체에서 겨우 세 번 쓰였다(행 11:26, 26:28, 벧전 4:16). 초대 교회 시대에 신자들은 대개 "제자" 혹은 "성도"라고 불렸다. "성도"라는 말과 "거룩하게 하다"라는 말은 서로 밀접한 관련이 있다. 따라서 "거룩"을 공부하면 "성도"가 된다는 것의 의미를 발견할 수 있을 것이다.

1. "거룩"의 의미

구약과 신약성경에서, "거룩"이라는 단어는 "죄로부터 분리되어 전적으로 하나님께 드려진"이라는 뜻을 가지고 있다. 하나님은 안식일을 거룩하게 하셨다(창 2:3). 즉, 그는 자신의 목적을 위하여 안식일을 구별하셨다. 그는 또한 처음 난 사람과 짐승을 거룩하게 하셨다(출 13:2). 성막과 성전은 하나님의 현존으로 구별되었기 때문에 "성소"였다(출 25:8, 대하 20:8). 하나님은 이스라엘 백성을 자신의 소유로 거룩하게 하셨다(출 31:13). 그는 그의 왕궁에서 봉사하도록 제사장들을 거룩하게 하셨다(레 21:8).

그러나 이 단어를 "종교적 행위"에 결부시킬 필요는 전혀 없다. 이사야 13:3에서는 이교도의 군대를 "거룩하다"고 하였다. 하나님은 이 군대를 사용하시기 위해 구별해 놓으셨다. 예후 왕은 백성들에게 "바알을 위하는 대회를 거룩히 열라"(왕하 10:20)고 명하였다. "전쟁을 거룩하게 하는 것"조차 가능했다(욜 3:9). 하나님께서 산 사면에 지경을 세우라 하셨을 때, 시내 산은 "거룩하게" 되었다(출 19:23). 오십 년이 되는 해는 "희년"으로 거룩하게 되었다(레 25:10). 도시의 문조차 거룩해질 수 있었다(느 3:1). 제사장이 아니었던 이새의 아들들은 새로운 왕을 찾고 있던 사무엘에 의해 거룩해졌다(삼상 16:5).

이 많은 예들이 거룩은 위치와 관계가 있다는 것을 보여 준다: 어떤 사람 혹은 물건이 일상의 용도로부터 구별되어 성스러운 목적을 위해 전적으로 드려지는 것이 거룩이다. 우리가 이스라엘 진중을 방문하였다면, 진에 있는 어느 장막이라도 빌리거나 구입할 수 있었겠지만 성막만은 그렇지 못했을 것이다. 그것은 하나님의 사용을 위하여 구별되었기 때문에 팔거나 임대할 수 있는 물건이 아니었다. 당신의 일을 돕도록 어떤 사람을 고용할 수 있었겠지만 제사장들을 고용할 수는 없었을 것이다. 그들은 하나님의 일을 하도록 구별되었다. 어느 그릇을 이용해서도 손을 씻을 수 있었겠지만, 성막에 있는 놋대야에 접근했다면 곤경에 빠졌을 것이다. 놋대야는 오직 하나님만이 사용하시도록 구별되었기 때문이다.

모든 구원받은 사람들은 "예수 그리스도 안에서 거룩해졌다"(고전 1:2). 그의 은혜로 부르심을 입고, 그의 피로 사신 바 되었으며, 그의 성령께서 내재하시는 우리는 이 세상의 평범한 것들로부터 구별되어 오직 하나님께만 드려졌다. 신자의 몸은 하나님의 성전이다(고전 6:19-20). 그러므로 그것은 임대하거나 팔 수 없다. "이제는 너희 지체를 의에게 종으로 드려 거룩함에 이르라"(롬 6:19).

거룩은 일차적으로 위치와 관계가 있다. 그것은 구별된 물건의 본성을 바꾸지 않는다. 성막이 하나님께 드려졌을 때 놋대야는 놋으로, 책상은 나무로 남아 있었고 가죽도, 옷도, 은 술도 변하지 않았다. 근본적으로 거룩은 "어떤 것을 성스럽게 만드는 것"이 아니고 "어떤 것을 성스러운 목적을 위하여 분리"하는 것이다. 예수는 자신을 거룩하게 하셨지만, "성스러워질" 필요는 없으셨다. 우리 주님의 거룩은 우리의 죄를 위하여 십자가에서 죽는 성스러운 목적을 위하여 자신을 구별하신 것과 관련이 있다. 바울이 고린도에 있는 신자들에게 편지했을 때 그는 신자들을 "성도"라고 부르고 그들이 "예수 그리스도 안에서 거룩하여"졌음을 선언하였다(고전 1:2). 그러나 고린도에 있는 일부 신자들은 하나님께 불순종하는 삶을 살고 있었다. 교회는 사분오열되어 있었다(고전 1:12). 교인들은 서로 고소 중이었다(고전 6:1-7). 어떤 신자들은 교회의 성만찬에서 술에 취하였다(고전 11:21). 어떤 남자는 공개적으로 비도덕적 생활을 하고 있었다(고전 5:1-5). 그러나 바울은 이 사람들을 "성도"라고 불렀다. 어떻게 이럴 수 있는가? 그들은 진정 "거룩하다"는 말인가? 그렇다. 그들은 거룩하였다. 그러나 그들은 그리스도 안에서의 그들의 위치에 걸맞는 삶을 살지 못하고 있었다. 거룩은 기본적으로 위치의 문제이지만 실천적인 면을 가지고 있다. 단순히 신자가 날마다 온전히 하나님께 속한 사람으로 살기를 추구함을 뜻하는 "점진적 성화"라는 말이 있다. "평강의 하나님이 친히 너희로 온전히 거룩하게 하시고 또 너희 온 영과 혼과 몸이 우리 주 예수 그리스도 강림하실 때에 흠 없게 보전되기를 원하노라"(살전 5:23)고 바울은 기도하였다. "주를 향하여 이 소망을 가진 자마다 그의 깨끗하심과 같이 자기를 깨끗하게 하느니라"(요일 3:3)고 쓴 요한도 같은 생각을 가지고 있었다.

이스라엘의 장막생활로 돌아가 보자. 성막에 모인 친구들에게 연회를 베풀 목적으로 제단에서 돼지를 굽고 있는 제사장을 발견하였다고 가정하자. 우리는 충격을 받을 것이다. 우리는 "저 제단은 하나님께 바쳐진 게 아닙니까?"라고 물을 것이다. "성막은 하나님께 바쳐진 게 아닙니까? 돼지고기는 하나님의 거룩한 백성에게 금지된 음식이 아닌가요?" 제사장이 이렇게 대답했다고 가정해 보자. "물론 당신 말이 맞습니다. 나는 구별되었고 성막과 그 안에 있는 모든 것이 그렇습니다. 그러나 그것은 위치의 문제일 뿐입니다. 내가 연회를 베푼다고 해서 무슨 변화가 있는 것은 아닙니다."

그러나 변화가 있다. 하나님께서 그의 영광을 도둑질당하시는 것이다. 위치로서의 거룩은 실천적 거룩으로 이어져야 한다. 우리가 하나님만 사용하시도록 그리고 하나님의 영광을 위하여 구별되었다면, 우리는 그가 명하시는 것에 순종해야만 한다. 신자들은 예수 그리스도 안에서 한 번에 그리고 영원히 거룩하여졌다. 그러나 말씀에 복종하고, 성령 안에서 행하고, 이 세상에서 그리스도를 위하여 봉사할 때 그들은 또한 거룩하게 되는 것이다. 죄로부터의 분리는 개인적 거룩의 성장으로 이어져야 한다. "그런즉 사랑하는 자들아 이 약속을 가진 우리가 하나님을 두려워하는 가운데서 거룩함을 온전히 이루어 육과 영의 온갖 더러운 것에서 자신을 깨끗케 하자"(고후 7:1). "하나님이 우리를 부르심은 부정케 하심이 아니요 거룩케 하심이니"(살전 4:7).

주님과 함께 "특정한 경험"을 함으로써 완전히 죄 없는 사람이 되는 것이 가능할까? 나는 불가능하다고 생각한다. 영적인 삶에서 성장하여 감에 따라, 우리는 죄와 유혹을 더 잘 이길 수 있게 된다. 그러나 죄의 경향과 죄의 능력은 우리가 그리스도를 보고 그리스도처럼 변화될 때까지 우리와 함께할 것이다. 우리가 성화의 열매를 즐기는 법을 배워 감에 따라 죄를 향한 욕구는 분명 줄어들 것이다. 그러나 죄성이 완전히 없어질 수는 없다. 우리가 주님 안에서 성숙되어 감에 따라 삶에서 의도적인 죄가 줄어들 것이며, 세상 사람들의 특징인

고의적인 불법도 줄어들 것이다. 그러나 한스럽게도 우리는 자신이 보지 못하고 지나치는 무의식적으로 짓는 죄와 계속 싸워야 한다. 다윗이 다음과 같은 기도를 드린 것도 이상할 것이 없다. "자기 허물을 능히 깨달을 자 누구리요 나를 숨은 허물에서 벗어나게 하소서"(시 19:12). "만일 우리가 죄 없다 하면 스스로 속이고 또 진리가 우리 속에 있지 아니할 것이요"(요일 1:8).

하나님께서 선택하신 성도 중 많은 사람들이 그들을 주님께 대한 더 깊은 헌신과 또 성령 충만함으로 이끄는 특별한 경험을 하였다. 바울은 심지어 천국까지 다녀왔다. 그러나 바울은 자기 자신에 대해 "모든 성도 중에 지극히 작은 자보다 더 작은 나"(엡 3:8), 그리고 죄인 중의 괴수(딤전 1:15)라고 고백하였다. 빛에 더 가까이 갈수록 우리의 결함을 더 쉽게 볼 수 있다. 자기의 완전함을 자랑하는 성도는 그림자 밑에 있는 사람이다.

2. 거룩에 이르는 방법

이 구절에서 예수는 두 번 그의 백성이 "진리로," 즉 하나님의 말씀이라는 매개체를 통해 거룩하게 되었다고 말씀하셨다. "말씀은 진리이다." 진리는 분명 존재한다. 사탄은 이 사실을 부인하고, 자연주의 철학자들은 사탄과 의견을 같이하고 있다. 한 대학생이 나에게 "모든 진리는 상대적입니다. 절대적 진리란 없습니다"라고 했던 것이 기억난다. 나는 여기에는 그가 방금 한 말도 포함되느냐고 내가 물었지만 그는 지금까지 내 질문에 대한 답을 주지 않았다. 철학자들은 절대적인 것은 존재하지 않는다는 것을 증명하기 위해 어려운 책들을 쓴다. 그러나 그들은 단어를 이용하고, 각 단어는 그 뜻에 대한 정의가 필요하며, 정의는 절대적인 것을 의미한다. 단어를 구성하는 자모음들에는 어느 정도 절대적인 면이 있는 것 같다.

우리의 하나님은 진리의 하나님이다(시 31:5). 그는 "인자와 진실이 풍성"(시 86:15)하시다. 그가 하시는 일은 진리이다(삼하 7:28). 하나님은 진리이기 때문에 그가 말씀하시는 것과 행하시는 것은 모두 참되며 신실하다. 그러므로 그의 말씀은 진리이다. 예수 그리스도는 "은혜와 진리가 충만"(요 1:14)하였다. 성령은 "진리의 영"(요 14:17)이라고 불린다.

진리가 하나님의 한 속성이므로 그는 우리를 거룩하게 하시기 위해, 성스러운 삶을 살도록 우리를 구별하시기 위해,

진리를 이용하신다. 사탄은 거짓말을 통해 우리의 삶에서 일하지만(요 8:44), 하나님은 진리를 통해 우리 안에서 일하신다(살전 2:13). 하나님의 능력은 진리의 말씀이라는 수단을 통해 우리와 공유된다. 우리가 하나님의 진리를 알고 믿고 그에 기초하여 행동할 때, 그는 우리의 삶에서 역사하실 수 있다. 전선을 통해 전기가 전구에 연결되듯이, 하나님의 능력은 하나님의 진리를 통해 우리의 삶에 연결된다. 우리는 하나님의 진리 안에서 그리고 하나님의 진리를 통하여 거룩해진다.

하나님은 우리에게 그의 진리의 세 가지 "모양"을 주셨다. 하나님의 말씀(요 17:17), 하나님의 아들("나는…진리요," 요 14:6), 그리고 하나님의 성령("성령은 진리니라," 요일 5:7)이 그것이다. 이 세 모양의 진리는 우리를 거룩하게 하기 위해 우리의 삶에서 함께 역사하신다.

하나님의 말씀은 하나님의 진리이다. "진리의 말씀이 내 입에서 조금도 떠나지 말게 하소서"(시 119:43). "여호와여 주께서 가까이 계시오니 주의 모든 계명은 진리니이다"(시 119:151). "주의 말씀의 강령은 진리오니…"(시 119:160). 하나님의 말씀은 성령의 감동으로 된 것이기 때문에, 말씀하시는 그 모든 것에 조금도 그른 것이 없다. "그러므로 내가 범사에 주의 법도를 바르게 여기고 모든 거짓 행위를 미워하나이다"(시

119:128). 하나님의 말씀이 무엇을 선언하시면 우리는 그것에 대해 논쟁하지 않는다. 그대로 따를 뿐이다.

예수 그리스도는 진리이시다. 그가 참되시다는 것은 옳은 말이기는 하지만, 그는 단지 참되시기만 한 것이 아니다. 그는 진리이시다. 그는 진리를 말씀하셨을 뿐만 아니라 진리대로 사셨으므로 아무도 그에게 죄 있다 할 수 없다. 그의 삶과 사역을 통해서 그는 진리를 증거하셨다(요 18:37).

성령은 하나님이시기 때문에 진리이다. 그는 진리의 말씀을 감동하실 뿐 아니라 선생으로서 우리를 모든 진리 가운데로 인도하신다(요 16:13). 그는 예수 그리스도를 증언하신다(요 15:26). 성령의 인도하심과 성경의 가르침 사이에는 어떤 모순도 있을 수 없다. 성령과 말씀이 다 진리이기 때문이다. 그리고 둘 다 예수 그리스도를 가리킨다.

우리가 완전히 거룩하게 되고 하나님의 사용과 하나님의 영광을 위하여 구별되도록 하기 위하여 이 세 모양의 진리가 우리에게 주어졌다. 예수 그리스도는 진리이며 내가 사랑할 수 있는 분이다. 성경은 진리이며 내가 배울 수 있는 책이다. 성령은 진리이며 내 안에 사시고, 나로 예수 그리스도에 관하여 말씀에서 배운 대로 살 수 있게 하시는 분이다. 다른 말로 하면 내적 사람의 전 부분이 진리에 의해 통제될 수 있다. 진리이신 예수 그리스도는 나의 심령의 사랑을 잡으실 수 있다. 성경은 나의 생각을 교훈하실 수 있고, 성령은 나의 의지가 하나님의 진리에 순종하도록 할 수 있다. 심령과 생각과 의지가 진리에 의해 통제될 수 있으며, 이 진리는 우리를 거룩하게 한다.

신자들이 매일 되풀이하는 간단한 행동 중의 하나는 먹는 음식에 대한 하나님의 축복을 구하는 것이다. 이 간단한 행동이 거룩의 의미를 이해하는 데 도움을 준다. "하나님의 지으신 모든 것이 선하매 감사함으로 받으면 버릴 것이 없나니 하나님의 말씀과 기도로 거룩하여짐이니라"(딤전 4:4-5). 감사와 하나님의 말씀과 기도가 쇠고기 요리나 돼지고기 요리에 어떻게 변화를 일으킬 수 있다는 말인가? 하나님의 말씀이 모든 음식이 가하다고 선언하신다는 사실은 그것들을 우리의 즐거움과 사용을 위해 구별한다는 것이다. 감사 기도는 우리가 하나님의 말씀을 믿고 하나님의 선물을 감사함으로 받는다는 증거이다. 그러므로 우리는 하나님의 영광을 위하여 먹고 마실 수 있는 것이다(고전 10:31). 음식의 속성이나 질이 변하는 것은 아니지만, 그것은 하나님의 영광을 위하여 구별되는 것이다.

하나님의 백성은 하나님이 사용하시기 위해 그리고 하나

님의 영광을 위해 구별되었으며 거룩하다고 하나님의 말씀은 선언하신다. 이것을 믿고 감사를 드릴 때 우리는 제 위치에 맞는 실천을 하는 것이다. 우리가 하나님께 대한 봉사를 위해 헌신할 때 거룩을 일상의 실천으로 옮기는 것이다. 우리의 몸은 변하지 않지만, 몸을 어떻게 쓰고 어디에 두고 어떻게 먹이며 무슨 일을 하도록 할까에 관해 우리는 조심스러워한다. 이것은 바로 성경이 일컫는 바 "진리에 행하는 자"(요이 1:4)이다.

그리스도를 더욱 사랑하게 하고, 하나님의 말씀을 더 잘 배우게 하고, 성령의 역사에 순종하도록 돕는 어떤 경험도 거룩의 경험이다. 그것은 고통스러운 경험일 수도 있다. 그러나 그것이 진리를 우리의 삶에서 더욱 의미 있고 힘있게 만든다면 축복받은 경험이다. 하나님께서는 우리의 심령이 말씀을 사랑하고, 우리의 마음이 말씀을 배우고, 우리의 의지가 말씀대로 살고자 하기를 기대하신다. 이것이야말로 우리가 그의 영광을 위하여 자신을 더욱 구별되게 하는 방법이다.

3. 거룩의 동기

그리스도께서 우리를 세상에 보내어 복음의 메시지를 나눌 수 있도록 하시기 위해 우리는 거룩해졌고 또 거룩해지고 있다. "아버지께서 나를 세상에 보내신 것같이 나도 저희를 세상에 보내었고"(18절). 거룩은 우리의 영적 성취를 보여 주는 것을 목적으로 하지 않는다. 하나님께서 이 잃어버린 세상을 위하여 하신 일을 선포하는 것을 목적으로 한다. 우리의 개인적 즐거움을 목적으로 하지도 않는다. 봉사에는 부족하고 자신에게만 집중하는 거룩은 성경적 거룩이 아니다. 우리는 보내심을 입기 위해 거룩함을 입었다. 세상으로 들어가서 죄인들을 세상으로부터 구하기 위해 우리는 세상으로부터 구별되었다.

나에게는 전문적인 의료 선교를 위해 자신을 준비시키는 일에 15년간을 투자하고 있는 친구가 있다. 그는 이 임무를 위하여 자신을 구별하였고, 그의 모든 계획은 이 한 가지 목적에 집중되어 있다. 그는 아마 많은 파티에 참석할 수 없을 것이며, 많은 돈을 들여 휴가를 보낼 수도 없고, 이것저것 사기 위해 많은 돈을 쓸 수도 없을 것이다. 그러나 그는 다른 사람들을 위해 봉사할 수 있도록 자신을 구별하였다. 어려운 훈련이 끝나면 그는 복잡한 육체적 문제를 가진 사람들을 도울 수 있을 것이다.

어떤 신자들은 긍정적인 면이 아니라 부정적인 면에 초점을 맞춘 거룩을 실천한다. 그들은 죄로부터는 분리되지만 봉사를 위해 분리되지는 않는다. 그들은 자신들이 하지 않는 것들에 대해서 자랑스럽게 말하지만, 성취한 것에 대해서는 거의 할 말이 없다. 진정한 거룩은 단지 죄로부터의 분리일 뿐만 아니라 또한 하나님께 대한 헌신이며, 그가 사용하시도록 구별되는 것이다. 바리새인들은 부정적인 분리를 실천하였다. "그 일을 해서는 안 돼!" 하는 것이 그들의 전공이었다. 그러나 그들에게는 성령의 긍정적 열매와 다른 사람들에게 봉사할 수 있게 해주는 하나님의 성품이 부족하였다. 예수는 "거룩하고 악이 없고 더러움이 없고 죄인에게서 떠나"(히 7:26) 계신 분이었지만, 그는 또한 "세리와 죄인의 친구"(마 11:19)이셨다. 진정한 거룩은 균형을 요한다. 우리는 하나님에 의해서 다른 사람들을 위하여 보내어질 수 있도록 하나님을 위하여 구별되었다. "주를 섬겨 금식할 때에 성령이 가라사대 내가 불러 시키는 일을 위하여 바나바와 사울을 따로 세우라 하시니…"(행 13:2).

각 신자에게는 이 땅에서 해야 할 사역이 있고, 예수 그리스도가 이 사역을 위한 권위를 주신다. 그가 성부에 의해서 보내어진 것처럼 우리도 보내심을 입었다(요 10:36 참조). "아버지께서 나를 보내신 것같이 나도 너희를 보내노라"(요 20:21). 우리는 이 세상에서 그를 대표하고 있다. "나의 보낸 자를 영접하는 자는 나를 영접하는 것이요"(요 13:20).

봉사와 거룩을 분리시키는 것은 문제를 만들 뿐이다. 섬기는 자는 반드시 거룩해야 하고 구별되어야 한다. 그렇지 않으면 그의 사역은 하나님에 의해 사용될 수 없다. 이스라엘의 수천의 사람들이 제사장이나 레위인이 행하던 임무를 행할 수 있었다. 그러나 그들은 그 일을 하도록 허락받지 못하였다. 그들은 기름 부음을 받지 못하였고 예복으로 옷 입지 못하였다. 그들은 제사장직을 위하여 구별되지 않았다. 누구라도 제사 의식을 어떻게 치러야 하는지 배울 수는 있었을 것이므로, 그것은 단지 제단에서 얼마나 효율적으로 일하는가의 문제만은 아니었다. 그것은 또한 소명과 헌신의 문제였다. 어떤 사람이 족보를 통해 레위 가문에 속하였다는 것을 증명할 수 없다면, 제사장으로 봉사하는 것이 허락되지 않았다(스 2:59-63).

우리의 거룩의 동기는 봉사이다. 아무리 자신이 거룩하다고 주장한다고 해도 다른 사람에게 봉사하는 일에 관계하고 있지 않으면, 그는 거룩한 신자가 아니다.

4. 거룩의 모범

예수 그리스도는 완벽한 거룩의 모범이다. "저희를 위하여 내가 나를 거룩하게 하오니…"(19절). 이 말씀은 원래 거룩이 신성한 성품을 개발해 나가는 것과는 관계가 없음을 증명한다. 예수 그리스도는 이미 신성한 분이었기 때문이다.

"저희를 위하여 십자가에서 죽도록 나를 구별하였나이다"라는 것이 이 말씀이 의미하는 바이다.

우리 주님은 분명 섬기는 자, 종의 완벽한 모범이시다. 그의 제자들은 누가 가장 뛰어난 자인가를 두고 논쟁하는 일을 되풀이했지만, 예수 그리스도는 자신을 낮추사 그들의 발을 씻어 주셨다. 그는 도움이 필요한 사람들을 긍휼히 여기셨고, 그들을 위하여 자비롭게 사역하셨다. 그는 아버지의 뜻에 순종하셨다. 그는 가슴에서 풍성히 넘쳐흐르는 사랑으로 봉사하셨다. 종으로서의 그의 사역은 그를 십자가로 이끌었다. "사람의 모양으로 나타나셨으매 자기를 낮추시고 죽기까지 복종하셨으니 곧 십자가에 죽으심이라"(빌 2:8).

진정한 거룩이 있는 곳마다 봉사가 있고, 진정한 봉사가 있는 곳마다 순종이 있다. 종은 다스리지 않는다. 그는 섬기고 순종한다. 바울이 로마의 신자들에게서 본 문제를 오늘의 우리도 가지고 있다. "저희가 다 자기 일을 구하고 그리스도 예수의 일을 구하지 아니하되…"(빌 2:21). 예수 그리스도는 자기 자신을 생각하지 않으셨다. 그는 "저희를 위하여" 자신을 거룩하게 하셨다.

주님의 초기 사역에서 우리는 진정한 거룩의 온전한 본을 볼 수 있다. 그는 은둔자가 아니었다. 그는 결혼 피로연에 참석하셨고, 식사 초대에 응하셨으며, 아이들과 놀기까지 하셨다. 그는 회당과 성전에서 예배를 드리셨다. 그는 당시 사회의 부랑아들과 함께하시기도 하였다. 적들은 그를 가리켜 "먹기를 탐하고 포도주를 즐기는 사람이요 세리와 죄인들의 친구로다"(마 11:19)라고 하였다. 물론 그들의 말은 과장된 것이지만, 그 말은 예수께서 사람들과 함께 하셨으며 고립주의자가 아니었음을 나타낸다.

앞에서 언급한 것처럼 진정한 분리는 고립이 아니다. 분리는 전염되지 않으면서 접촉하는 것이다. 예수는 "죄인들의 친구"이기도 하시고 "죄로부터 분리되기도" 하셨다. 의사처럼 그는 전염병과 접촉하셨지만 병에 전염되지는 않았다. 그는 전염병으로부터 자신을 격리시키지도 않으셨다. 그는 잃어버린 사람들, 삶이 죄와 뒤엉켜있는 사람들을 긍휼히 여기셨다. 그는 그들을 위하여 그들과 함께 느끼셨고, 그들을 돕고자 하셨다.

진정한 거룩은 우리를 세상과는 다르게 만들고, 이 차이는 우리가 세상을 향한 사역을 할 수 있도록 해준다. 예수는 달랐기 때문에 사람들을 끌 수 있었다: "(율법대로 살지 않던) 모든 세리와 죄인들이 말씀을 들으러 가까이 나아오니…"(눅 15:1). 바리새인들은 그들을 끌지 못하였다. 오히려 그들을 내쫓았다. 바리새인들은 고립되었고 격리되었지만, 예수는 분리되셨다.

우리의 삶을 위하여 예수 그리스도 외의 다른 본보기를 갖는 데에는 위험이 따른다. 우리 모두는 역사의 위대한 인물들을 이렇게 저렇게 높이 평가하지만, 항상 그들을 모방할 수는 없다. 예수 그리스도에 대해서는 높이 평가하는 것 이상으로 우리는 그를 경배한다. 그를 경배함으로써 우리는 그를 닮아간다. 그를 닮아감에 따라 우리는 더 거룩해지고 이는 우리가 이 세상에서 그를 더 잘 섬길 수 있음을 의미한다.

그렇다. 크리스천들은 특별한 사람들이다. 그들은 "성도", 구별된 사람들이며 거룩한 사람들이다.

그리고 그들은 섬기는 사람들이다. 사랑과 하나님 말씀의 은총을 절실히 필요로 하는 세상에서 봉사하는 사람들이다.

크리스천—연합인가 분열인가?

10

내가 비옵는 것은 이 사람들만 위함이 아니요 또 저희 말을 인하여 나를 믿는 사람들도 위함이니 아버지께서 내 안에, 내가 아버지 안에 있는 것같이 저희도 다 하나가 되어 우리 안에 있게 하사 세상으로 아버지께서 나를 보내신 것을 믿게 하옵소서. 내게 주신 영광을 내가 저희에게 주었사오니 이는 우리가 하나가 된 것같이 저희도 하나가 되게 하려 함이니이다. 곧 내가 저희 안에 아버지께서 내 안에 계셔 저희로 온전함을 이루어 하나가 되게 하려 함은 아버지께서 나를 보내신 것과 또 나를 사랑하심 같이 저희도 사랑하신 것을 세상으로 알게 하려 함이로소이다. 아버지여 내게 주신 자도 나 있는 곳에 나와 함께 있어 아버지께서 창세 전부터 나를 사랑하시므로 내게 주신 나의 영광을 저희로 보게 하시기를 원하옵나이다.

요한복음 17:20-24

기도를 끝맺는 부분에서 우리 주님은 영적 일치의 문제를 강조하셨다. 앞에서도 이것을 언급하셨지만(11절), 이제 그것은 그의 기도의 짐이 되고 있다. 아마 그는 시편 133:1을 마음에 두고 계셨을 것이다. "형제가 연합하여 동거함이 어찌 그리 선하고 아름다운고!" 당신은 형제들이라면 서로 잘 지낼 것이라고 생각할지 모른다. 그러나 안타깝게도 그렇지 못할 때가 있다. 우리 모두는 요셉이 형들에게 했던 충고에 주의를 기울일 필요가 있다. "노중에서 다투지 말라"(창 45:24).

성경과 교회의 역사는 신자들이 항상 서로 잘 지낸 것은 아니라는 슬픈 사실을 기록하고 있다. 예수께서 바로 그 자리에 그들과 함께 계셨건만 주님의 제자들조차 서로 언쟁을 하였다. 바울과 바나바는 요한 마가의 일로 다투었으며, 신약성경의 몇몇 교회는 논쟁과 분열로 바울의 가슴을 찢어지게 만들었다. 영적 일치는 드문 일이다. 우리 주님이 교회를 위한 기도에 이 내용을 포함시키신 것은 결코 이상한 일이 아니다.

일치를 위한 주님의 기도가 인간이 만든 조직에서는 충족될 수 없다는 것을 이해해야 한다. 어떤 신앙을 표방하는지에 상관없이 모든 종교 단체들을 한데 묶어 놓는다고 해서 이 문제가 해결되는 것은 아니다. 예수께서는 교리를 무시하고 최소한의 공통분모만을 취하는 것을 마음에 두고 계시지 않았다. 교리는 일치에 있어서 필수적인 부분이다. "주님이 한 분"이실 뿐만 아니라 "믿음도 하나"이다(엡 4:5). 그리고 우리는 "성도에게 단번에 주신 믿음의 도를 위하여 힘써 싸우라"(유 1:3)고 하신 말씀을 따라야 한다. 예수께서 마음에 두고 계시던 일치는 내부로부터 기인하는 영적인 일치이다. 그는 이 일치를 성삼위의 관계 속에서 성부와 성자가 하나 되는 것과 비교하셨다. 진정한 신자들이 몇몇 해석에서는 의견을 달리

한다 할지라도 그들은 그리스도 안에서 하나이다. 나는 서로 다른 지역에 있는 서로 다른 복음주의 단체들을 위해 사역하는 것을 나의 특권으로 삼아 왔는데, 어디에 있어도 고향에 있는 느낌이었다. 신실한 성도들조차 의견을 달리할 수 있는 사소한 문제들을 제기함으로써 논쟁을 일으킬 수도 있었겠지만, 나는 우리가 동의하는 것들에 먼저 초점을 맞추는 것이 더 낫다고 느꼈다.

내가 아는 한 침례교 목사가 유명한 장로교 설교자를 성경 사경회를 인도하도록 초청하였다. 이 초청 설교자의 첫 설교가 하필이면 유아 세례에 관한 것이 아닌가! 나의 또 다른 친구 목사는 유명한 성경 교사를 그의 교회에 초청하였는데, 그는 예언에 관한 내 친구 교회의 견해를 반박하는 긴 설교를 하였다. 때와 장소에 따라서는 당신의 확신을 알리는 것이 옳을 수 있다. 그러나 때로는 분열이 아닌 일치를 위해 예의를 지킬 필요가 있다.

주님은 우리에게 우리를 한데 묶어주는 요소들을 상기시킴으로써, 영적 일치를 위한 모든 격려를 주셨다.

1. 우리는 같은 구주를 믿는다(20-21절)

어떤 사람을 기독교인이 되게 하는 것은 바로 그리스도에 대한 신앙이며, 이것은 구원에 이르는 유일한 길이다. 영생이라는 선물은 하나님을 아는 것과 예수 그리스도를 믿는 것을 통해서 주어진다(요 17:3). 예수 그리스도는 유일한 구주이다(요 14:6, 행 4:12). 예수 그리스도는 하나님이시기 때문이다. 예수 그리스도의 신성을 부인하는 사람들과는 영적인 하나 됨(교제와 사귐)이 있을 수 없다. 우리의 하나 됨은 그의 안에서이다. 그가 하나님이 아니고 구주가 아니라면 연합이란 있을 수 없다.

"너희는 그리스도에 대하여 어떻게 생각하느냐, 뉘 자손이냐"(마 22:42)라는 질문은 여전히 인생의 가장 중요한 질문이다. 이 질문에 어떻게 답하느냐가 우리가 영원한 삶을 어디서 살 것인가를 결정한다. 일부 종교인들은 예수가 단지 은총을 입은 유대인 선생이었을 뿐이며, 아마 실패한 대의를 위한 순교자일 것이라고 주장한다. 또 어떤 사람들은 우리가 "하나님의 아들"(이 말의 의미가 무엇이든)인 것이나 그가 "하나님의 아들"인 것이나 마찬가지라고 말한다. 그러나 예수 그리스도를 하나님으로 확언하는 사람이 아니면 나는 그와 영적인 교제나 일치를 가질 수 없다. 우리는 학부모 협의회 같은 곳에서 함께 봉사할 수는 있겠지만, 결코 영적인 교제는 가질 수 없을 것이다. "교제"라는 말은 "공통의 것을 소유함"을 의미한다. 우리 크리스천들의 일치의 중심은 예수 그리스도라는 사람이며, 우리가 그의 생명을 나누지 않으면 영적으로 공통된 것을 가질 수 없다.

또 다른 중요한 것은 예수 그리스도께서 십자가에서 하신 일이다. "아버지께서 내게 하라고 주신 일을 내가 이루어 아버지를 이 세상에서 영화롭게 하였사오니…"(요 17:4). 예수 그리스도라는 인물과 그의 사역을 쉽게 분리할 수 없을 것이다. 그 둘은 함께 가는 것이기 때문이다. 그는 잃어버린 세상을 위한 구속사역을 완수할 수 있었던 유일한 분이다. 십자가는 사람이 죄인이며 스스로를 구할 수 없다고 선언한다. 십자가는 또한 하나님은 죄인들을 사랑하시며 구원은 한 번에 그리고 영원히 이루어졌음을 선언한다. 우리 주님의 죽음을 죄를 대신한 속죄양이 아닌 다른 것으로 만드는 것은 그의 존재와 그의 사역을 부인하는 것이다. 그는 이런 말씀을 하셨다. "인자가 온 것은 섬김을 받으려 함이 아니라 도리어 섬기려 하고 자기 목숨을 많은 사람의 대속물로 주려 함이니라"(마 20:28).

우리는 그의 생명을 나누고 있으므로 영적인 일치를 경험할 수 있다. 우리가 교리 해석의 자잘한 부분 모두에서 의견의 일치를 볼 수는 없을 수 있으나, 그를 알고 그의 생명을 나누면 일치를 경험할 수 있다. 다른 의견을 가지고 있지만 서로 인정해 주는 것도 가능하다. 성 어거스틴은 이런 말을 하였다: "본질적인 면에서는 일치, 비본질적인 면에서는 자유, 모든 면에서는 관용." 언젠가는 "우리가 다 하나님의 아들을 믿는 것과 아는 일에 하나가"(엡 4:13) 될 것이다. 한편 우리는 예수를 위하여 서로 사랑해야 하며, 사소한 것에 집중하지 않도록 노력해야 한다. 상대적으로 덜 중요한 것들을 가지고 주일학교나 교회에서 논쟁이 벌어지는 것을 본다는 것은 슬픈 일이다. 우리가 "각각 자기보다 남을 낫게"(빌 2:3) 여기는 법을 배운다면, 영적인 연합을 도모하기가 보다 쉬워질 것이다.

2. 우리는 세상을 향하여 같은 증언을 하고 있다(21절)

이 기도에서 주님은 세상을 향한 교회의 증거를 두 번 언급하셨다. "세상으로 아버지께서 나를 보내신 것을 믿게 하옵소서"(21절). "아버지께서 나를 보내신 것을…세상으로 알게 하려 함이로소이다"(23절). 우리는 교회의 위선과 결점을 너무나 잘 찾아내는 세상에서 살고 있다.

내가 목회했던 한 교회에서 우리는 한 여 교우의 남편을 위하여 계속 기도하고 있었다. 그는 아내가 예배에 참석하는 것을 반대하지 않는 착한 남편이었지만, 자신이 구세주와 어떤 관계를 가지는 것은 원하지 않고 있었다. 나는 종종 그를 방문하여 그에게 증언하였지만 성과가 없었다. 나는 이유를 알 수 없었다. 그러나 곧 그 사람과 함께 일하는 우리 교회의 일부 교인이 걸핏하면 교회의 문제에 대해 얘기하곤 했으며, 따라서 이 구원받지 못한 나의 친구가 교회에 관한 부정적인 얘기들을 모두 접하고 있음을 알게 되었다. 그러니 그가 주님의 일에 아무 관심을 보이지 않는 것이 당연하지 않겠는가!

하나님이 보시기에 교회는 나뉘어 있지 않다: "몸이 하나이요"(엡 4:4). 그러나 세상이 보기에 교회는 분열되어 있으며 그뿐 아니라 심각한 불화를 겪고 있다. 교회들, 기독교 단체들 간의 경쟁은 그리스도의 이름을 부끄럽게 만들고 있다. 특별히 문제가 되는 것은 우리만이 모든 진리를 가지고 있다고 주장하는 사람들이다. 그들은 자신들만이 옳고 자신들만이 이 땅에서 하나님의 뜻을 행하고 있다고 믿는다. 세상은 이러한 일들을 비웃고 복음의 메시지를 진지하게 받아들이지 않으려 한다. 우리는 분열된 세상에서 살고 있고, 교회는 우리가 예수 그리스도 안에서 가지고 있는 영적인 일치를 증언할 필요가 있다. "우리는 우리 자신의 문제만으로도 충분하다"고 불신자들은 생각한다. "왜 우리가 교회에 끼어들어 더 많은 문제를 가져야 하는가?"

우리 주님이 기도하신 일치는 분명 단순히 내적이고 개인적인 것이 아니다. 그것은 세상이 볼 수 있을 만큼 크고 강하다. 우리는 새 조직을 창설하거나 새로운 운동을 펼칠 필요가 없다. 우리 성도들이 서로 사랑하고 함께 증언한다면, 세상이 그것을 볼 것이다. 예수는 사람들의 주의를 끄는 일시적이고 작위적인 획일을 위하여 기도하신 것이 아니다. 예수 그리스도를 증언하고 하나님께서 그를 보내셨음을 세상에 증명하는 지속적이고 신실한 일치를 위해 기도하셨다. 교회에는 여러 다양한 모습이 있으며, 따라서 우리는 제도나 방법의 획일을 원하지 않는다. 우리는 또한 강력하고 재능이 있는 지도자 주위에 형성되는 군중 심리 같은 것도 원하지 않는다. 우리는 예수를 사랑하고 그의 생명을 나누고 있기 때문에 서로 사랑하는 크리스천들을 원한다.

예수는 이 기도에서 우리의 증거 때문에 믿는 사람들이 있을 것이라는 확신을 주신다(20절). 오순절 날 군중 앞에 섰던 베드로는 이 말에서 얼마나 큰 격려를 얻었을 것인가! 복음을 들고 이교도의 도시들을 여행했던 바울에게도 마찬가지이다. 우리는 놓친 대의를 위해 힘없이 뛰는 사람들이 아니다. 우리는 왕 중의 왕을 위한 승리의 전령이며, 그는 우리에게 믿는 사람들이 있을 것이라는 확신을 주신다. 사실 이 기도에서 주님은 이미 우리가 얻게 될 사람들을 위하여 기도하신 것이다!

우리는 또 다른 성공의 보장을 가지고 있다. 그가 그의 말씀을 우리에게 주신 것이다. "내 입에서 나가는 말도 헛되이 내게로 돌아오지 아니하고 나의 뜻을 이루며 나의 명하여 보낸 일에 형통하리라"(사 55:11). 예수께서 "저희 말"이라는 표현을 쓰신 것에 주목하라. 하나님 말씀의 증거는 우리의 삶에서 우리의 것이 되어야 한다. 우리 모두가 선포하는 구원의 복음은 같은 것이지만, 우리의 접근 방법이 모두 같은 것은 아니다. 말씀은 하나님께서 정하신 방법대로 우리의 삶에서 그리고 우리의 삶을 통하여 자신을 드러내신다. 그렇기 때문에 우리는 다양한 경험을 하는 것이다. 각각의 경험은 새로운 방법으로 말씀을 나누는 데 도움이 된다.

우리가 홀로 증인이 된 것이 아님을 아는 것이 좋다. 때로 우리는 "엘리야 콤플렉스"를 가지고 자신만이 이 세상에 유일하게 남겨진 충성된 자라는 생각을 가질 수 있다. 그러나 다른 사람들도 기도하고 증언하고 있다. "이는 뿌리는 자와 거두는 자가 함께 즐거워하게 하려 함이니라"(요 4:36). 우리가 천국에 이르면 하나님께서 어떻게 우리의 전도 메모장조차도 사람들을 구원의 지식에 이르게 하는 일에 쓰셨는지를 보고 놀라게 될 것이다.

세상을 향해 증언하는 일에 있어서, 하나님의 종들 사이에 경쟁이란 있을 수 없다. 다른 크리스천이 복음을 증언하거나 영혼을 구원하는 일을 어렵게 만드는 어떤 말과 행동도 해서는 안 된다. 물론 다른 성도들의 방법에 대해서 항상 동의할 수는 없을 것이다. 그러나 그들이 복음을 전파하는 것을 도와야 한다. "이제 인내와 안위의 하나님이 너희로 그리스도 예수를 본받아 서로 뜻이 같게 하여 주사 한 마음과 한 입으로 하나님 곧 우리 주 예수 그리스도의 아버지께 영광을 돌리게 하려 하노라"(롬 15:5-6).

3. 우리는 같은 영광을 나눈다(22, 24절)

모세가 성막을 드리고 솔로몬이 성전을 봉헌하였을 때, 하나님의 영광이 임하셨다. 하나님 영광의 현존은 이스라엘을 독특한 백성으로 만들었다(롬 9:4-5을 보라). 하나님이 광야에서 이스라엘을 인도하셨을 때, 길을 인도한 것은 하나님의 영광이었다. 서로 구별되는 열두 지파가 하나님의 영광에 의해서 연합되었다.

각각의 크리스천은 하나님의 성전이며 하나님의 영광이 그 안에 거하신다. 이 영광이 온전히 나타나기 위해서는 그리스도의 재림까지 기다려야 하겠지만, 그리스도는 이미 이 영광을 우리에게 주셨다(롬 8:19). 하나님의 성령의 내재는 진정한 신자의 표식이다(롬 8:9). 그는 이 영광을 가지고 있으며, 언젠가 우리는 그리스도의 영광을 나누고 영광된 몸을 가지게 될 것이다.

신자들 사이에 있는 분열의 주된 이유 중 하나는 내적인 것을 무시하거나 소홀히 하고 외적인 것에 주의를 집중하는 것이다. 우리는 본질적인 것이 아니라 부수적인 것들을 쌓아 올린다. 교회들은 강한 개인의 사역에 의해 세워지고 지도자가 떠나면 교회도 넘어진다. 특정 교리를 옹호하거나 적과 싸우기 위해 교제가 이루어지고, 대의가 사라지면 교제도 사라진다. 20세기 초에 많은 교회들이 인종적 배경의 기반 위에 세워졌다. 그러나 제2, 3세대들이 "늙은 세대"와 자기들을 동일시하고 싶어하지 않으면서 이 교회들은 쇠퇴하기 시작하였다.

다른 성도들을 만날 때마다 우리와 그가 같은 영광, 그리스도께서 그의 제자들에게 주신 영광을 함께하고 있다는 것을 명심하자. 그는 다른 피부 색깔을 가질 수 있다. 그는 도시의 다른 구역에서 살 수 있다. 그는 우리에게 익숙하지 않은 경배의 방식을 가지고 있을 수도 있다. 그러나 그의 내부에 영광이 있으며 그가 하나님을 영화롭게 하기 원하는 사람이라면, 우리와 그 사람은 공통의 교제와 증거를 나눌 수 있다.

우리들 중 어느 정도의 여행을 해본 사람들은 세계 각처의 크리스천들이 모두 같은 모습이 아님을 깨닫게 된다. 그들은 같은 구세주에게 속하였고 같은 복음을 믿지만, 항상 같은 식으로 그들의 신앙을 표현하지는 않는다. 어떤 지역에서는 복음주의 목사들이 성직자임을 표시하는 목 칼라를 달고 있기도 하다. 법복을 입은 성공회 신부와 교제를 갖는다고 해서 나를 비난했던 한 교우가 있었다. 이 교우의 주장은 이러하였다. "그 사람은 이상한 칼라를 달고 있었습니다. 그건 자유주의자들이 하는 짓입니다." 과연 그러한가?

외적인 것을 넘어서서 우리가 내적 영광을 함께하고 있다는 것을 명심하고자 노력한다면, 다른 신자들과의 개인적 관계에 많은 변화가 있을 것이다. 우리는 일치를 만들어 낼 필요가 없다. 이미 존재하고 있기 때문이다. 우리가 해야 할 일은 "평안의 매는 줄로 성령의 하나 되게 하신 것을 힘써"(엡 4:3) 지키는 것이다. "힘써" 지켜야 한다. 한 마디의 잘못된 말, 잘못 해석한 행동, 하나의 이기적 동기에 의해 연합의 즐거움이 사라진다. 우리 크리스천들이 연합을 공격하는 것만큼이나 열심히 그것을 지키기 위해 노력한다면, 우리 모두는 보다 행복하고 보다 거룩한 사람들이 될 것이다. 우리가 어떻게 우리 자신과 우리가 속한 조직을 영화롭게 할 것인가 하는 걱정을 접고 어떻게 그리스도를 영화롭게 할 것인가를 염려하기 시작하면, 우리는 예수께서 위하여 기도하신 것과 같은 일치를 경험하게 될 것이다.

우리는 영광을 지금 가지고 있을 뿐만 아니라 천국에 갔을 때 7의 영광을 볼 것이다(24절). 우리가 언젠가는 하늘에서 같이 있게 될 것이라는 사실은 지금 여기에서 서로 잘 지내고자 노력하라는 격려가 된다. 존 웨슬리와 조지 휫필드가 교리에 대해 서로 다른 견해를 가지고 있었고 공개 편지를 신문에 싣기까지 했다는 것은 널리 알려진 사실이다. 누군가가 휫필드에게 천국에서 웨슬리를 다시 볼 것으로 기대하느냐고 물었다. "그렇게 생각하지 않습니다. 존 웨슬리는 하나님의 보좌에 매우 가까이 있고 나는 멀리 떨어져 있을 겁니다. 그래서 나는 그를 볼 수 없을 겁니다"라고 대답했다. 정말 아름다운 태도이다. 그러나 은총을 많이 입은 이 두 사람이 이 땅에 있는 동안 마음을 합하지 못했다는 것은 여전히 안타까운 일이다.

한 형제나 자매에게 전쟁을 선포하도록 유혹을 받으면, 우리가 천국에서 같이 있게 될 것을 기억하자. 천국의 소망은 우리에게 서로를 사랑할 동기를 준다. 소망이 사랑의 동기가 되는가? 바울은 그렇다고 생각하였다. 바울은 고린도 교인들을 인하여 감사하고 있었다. "우리가 너희를 위하여 기도할 때마다 하나님 곧 우리 주 예수 그리스도의 아버지께 감사하노라. 이는 그리스도 예수 안에 너희의 믿음과 모든 성도에 대한 사랑을 들음이요 너희를 위하여 하늘에 쌓아 둔 소망을 인함이니 곧 너희가 전에 복음 진리의 말씀을 들은 것이라"(골 1:3-5). 본향으로 함께 간다는 사실에는 사랑으로 우리의 마음을 함께 묶는 그 무엇이 있다. 예수 그리스도께서도 그의 영광을 성부의 사랑과 결부시키셨다. "아버지께서 창세 전부터 나를 사랑하시므로…"(24절).

나는 젊은 목회자였을 때 장례식에서 고인의 친척들이 보이는 적대적 태도에 당황했었다. 예배를 드리는 동안에는 함께 평온하게 앉아 있던 사람들이 예배 후에는 언쟁하거나 싸우곤 했다. 아주 신실한 교인들조차도 장례식 뒤에는 서로에 대해 "실족"하는 일이 있었다. 나는 그때 사별의 고통이 우리의 오래된 상처를 끄집어내고 죄책감을 만들어 낸다는 것을 발견했다. 적대감은 때때로 죄책감의 또 다른 모습이다. 때로는 유산이 문제가 되기도 했다 – "유언장이 있는 곳에 친척들이 있다." 여러 번 나는 사랑하는 사람의 장례를 치른 가정에서 장례 후의 중재자가 되어야만 했다.

사랑하는 사람이 천국에 있음을 아는 것만도 가족 구성원들에게 서로 사랑하도록 하는 격려가 될 수 있을 것 같다. 그들도 언젠가는 신자로서 천국에 갈 것이기 때문이다. 나는 그리스도의 심판의 보좌 앞에서 크리스천들의 관계에 어떤 조정이 이루어지지 않을까라는 생각을 한다. 아마 우리들 중 일부는 다른 사람에게 사과를 해야 할 것이다!

어느 날 육십 대의 노신사가 내 사무실에 들어와 그의 결혼 주례를 맡아 주겠느냐고 물었다. 그와 그의 신부는 둘 다 크리스천이었다. 내가 "두 분 다 배우자를 잃고 홀로되셨나 보군요"라고 묻자 그는 미소를 지으며 대답하였다. "우리는 부부였습니다. 바보같은 말다툼을 하고는 충동적으로 이혼해 버렸지요. 그러고는 둘 다 재혼하지 않았습니다. 그러나 살면 살수록, 그리고 인생의 마지막에 다가갈수록 우리가 어리석었다는 것을 깨닫게 되었습니다. 그래서 다시 결혼하려는 것입니다." 그 결혼식은 내가 주례를 선 결혼식 중에 가장 아름다웠다.

우리는 지금 같은 영광을 나누고 있으며 천국에서 같은 영광을 누릴 것이다. 우리는 하나님의 영광으로 연합되었다. 천국의 소망은 우리를 하나님의 가족으로 함께 묶을 것이 틀림없다. "몸이 하나이요 성령이 하나이니 이와 같이 너희가 부르심의 한 소망 안에서 부르심을 입었느니라"(엡 4:4).

진정한 신자라면 누구나 천국에 갈 것을 확신할 수 있는가? 물론이다! 예수는 아버지께 우리를 천국으로 인도해 달라고 기도하셨고, 성부는 그의 사랑하시는 아들의 기도를 항상 들어주신다. 한 사람의 크리스천이 죽을 때마다 24절의 기도가 응답받으며, 그 크리스천의 영혼은 천국으로 간다. 사실 예수는 이 청을 드리실 때 아주 강한 표현을 쓰셨다. "원하옵나이다"(영어 성경에는 "나는 열망한다"[I desire]로 되어 있다-역자 주). 질문의 여지가 없다. 하나님은 이 기도에 응답하시고 믿는 자들은 천국에 간다.

4. 우리는 같은 사랑을 누린다 (23절)

성부는 성자를 창세 전부터 사랑하셨다(24절). 성부는 또한 그의 자녀들을 그가 그리스도를 사랑하신 것처럼 사랑하신다. "이는 너희가 나를 사랑하고 또 나를 하나님께로서 온 줄 믿은 고로 아버지께서 친히 너희를 사랑하심이니라"(요 16:27). "아버지께서 나를 사랑하신 것같이 나도 너희를 사랑하였으니 나의 사랑 안에 거하라"(요 15:9). "사람이 나를 사랑하면 내 말을 지키리니 내 아버지께서 저를 사랑하실 것이요 우리가 저에게 와서 거처를 저와 함께하리라"(요 14:23).

연합의 동기는 소망만이 아니다. 사랑 또한 연합의 동기이다. "보라, 그들이 서로를 얼마나 사랑하는지!" 이것은 초대교회에 대한 세상의 증언이었다. "믿는 사람이 다 함께 있어…"(행 2:44). 성도들의 연합을 언급한 주요 구절인 에베소서 4:1-16에서 사랑이 중요한 요소라는 사실은 깊은 의미가 있다. "모든 겸손과 온유로 하고 오래 참음으로 사랑 가운데서 서로 용납하고…"(엡 4:2), "오직 사랑 안에서 참된 것을 하여…"(엡 4:15), "그 몸을 자라게 하며 사랑 안에서 스스로 세우느니라"(엡 4:16). 누군가가 "사랑은 몸의 순환계이다"라는 말을 하였다. 얼마나 옳은 말인가!

진리와 사랑은 그리스도의 몸을 세우기 위해 함께 일한다. 사랑이 없는 진리는 잔인하다("네가 좋아하든 싫어하든 진실을 말하겠어!"). 그리고 진리가 없는 사랑은 위선이다. 나는 진리는 충만하나 사랑이 별로 없는 교회에서 목회한 적이 있다. 차갑고 방어적인 분위기였다. 나는 또한 사랑은 있어 보이지만 눈에 거슬릴 정도로 성경의 교리가 부족한 모임에서 설교한 적도 있다. 그들의 "사랑"은 단지 감정적인 것이었으며, 상황에 어울리는 얼굴 표정에 지나지 않았다. 몸은 진리와 사랑의 환경에서 성장한다. 말씀의 역사는 진리와 사랑이 충만해야 한다. 교인들의 개인적 관계는 진리와 사랑을 반영하여야 한다. 거짓과 이기심이 들어오는 순간 일치는 깨어질 위험에 처한다. 목회자들과 교회 지도자들이 거짓과 정치와 술수, 이기적 행동에 의지하는 것은 참으로 슬픈 일이다. "사랑 안에서 진리를 말하라"는 것이 여전히 교회를 세우시는 하나님의 방법이다.

사랑은 우리가 지어낼 수 있는 것이 아니다. 우리는 사람들을 좋아하는 법은 배울 수 있지만, 오직 하나님만이 우리가 사람들을 사랑할 수 있게 하신다. 진정한 크리스천의 사랑은 서로에 대한 염려와 사역을 수반한다. 진리와 사랑은 교회의 공적 예배에서만 검증되는 것이 아니라 머리를 맞대고 만나는 교회의 여러 위원회 모임에서도 검증된다. 우리 모두는 교회를 향한 하나님의 뜻을 확신하지만 아무도 자신의 생각을 바꾸려고 하지 않는다. 나는 종종 올리버 크롬웰이 스코틀랜드 사람들에게 던진 메시지를 생각해 본다. "나는 그리스도의 이름으로 여러분에게 간청합니다. 여러분이 잘못 판단하고 있을 수도 있다는 것을 유념하십시오." 불행하게도 그들은 자신들이 잘못 판단할 가능성은 없다고 생각하였다. 그 결과는 형제가 형제를 상대로 한 전쟁이었다.

진정한 크리스천의 사랑은 "어떤 대가를 치르더라도 평화를 위하여"라는 식의 말은 하지 않는다. 야고보서 3:17은 분명하게 말하고 있다: "오직 위로부터 난 지혜는 첫째 성결하고 다음에 화평하고…." 신앙의 기본 교리에 대해 타협하는 것으로는 평화를 낳을 수 없다. 그것은 다만 전쟁 없이 적에게 항복하는 것을 의미할 뿐이다. 우리는 그리스도와 그의 진리를 사랑하기 때문에 서로서로 사랑한다. 우리는 단지 "사랑으로 말하는 것"이 아니라 "사랑 안에서 진리를 말한다."

우리가 주 안에서 성숙해 감에 따라 입장은 다르되 비위에 거슬리지 않는 법을 배우게 된다. 모든 가족들은 다투고, 대화하고, 주고받는 것을 실천하고, 그리고 평화적인 결론에 이른다는 것이 무엇을 의미하는지 안다. 사랑이 있을 때 의견이

다른 것을 수용할 수 있다. 사랑은 나누고 성장하는 열린 환경을 격려하기 때문이다. 진리가 있는 곳에서 우리는 공개적 대화를 두려워할 필요가 없다.

사랑 안에서 행해진 진리는 항상 우리를 세우기 때문이다.

영적 일치를 돕는 이러한 요소들은 오직 하나님의 성령에 의해서만 주어질 수 있고 강해질 수 있다. 우리에게 예수 그리스도를 드러내시고 그를 영화롭게 하시는 분이 바로 성령이시다. 우리가 세상을 향해 증언할 때 힘을 주시는 분도 성령이시다(행 1:8). 우리 안에 영광을 쌓으시고 우리를 하나님의 성전으로 만드시는 분도 성령이시다. 우리의 심령에 사랑의 열매를 맺게 하시고 "하나님의 사랑이 우리 마음에 부은 바"(롬 5:5) 되게 하시는 분도 성령이시다.

성령이 없이는 영적 일치가 있을 수 없다. 우리가 성령으로 충만해지고 성령안에서 행할 때 진정한 영적 일치가 있을 수 있다.

"평안의 매는 줄로 성령의 하나 되게 하신 것을 힘써 지키라"

(엡 4:3).

세상과 교회와 성부

> 의로우신 아버지여 세상이 아버지를 알지 못하여도 나는 아버지를 알았삽고 저희도 아버지께서 나를 보내신 줄을 알았삽나이다. 내가 아버지의 이름을 저희에게 알게 하였고 또 알게 하리니 이는 나를 사랑하신 사랑이 저희 안에 있고 나도 저희 안에 있게 하려 함이니이다.
>
> 요한복음 17:25-26

우리 중 많은 사람들이 기도의 끝에 이르면 통상적인 두 가지 실수를, 둘 다 혹은 둘 중에 하나 저지르게 된다. 기도를 시작했을 때 하나님이 우리 소리를 듣지 못하시기라도 한 것처럼 앞에 한 기도를 되풀이하거나 아니면 앉을 자리를 찾기 위해 앵앵거리는 모기처럼 이 말 저 말을 두서없이 나열하기도 한다.

주님은 그의 대제사장적 기도의 끝에 이르렀을 때 아무런 간구도 하지 않으셨다. 그는 단지 성부께서 의로우시다는 것과 성부께서 하라고 하신 일(진리와 사랑을 드러내는 것)을 성자가 이 세상에서 하였다는 것을 재확인하셨다. 이 기도의 마지막 부분의 주요 주제는 진리와 사랑이다. 세상은 이 둘에 대해서 아는 것이 거의 없지만, 성자는 교회가 진리와 사랑을 누리는 것을 가능하게 하셨다.

우리는 이 두 주제를 따로 살펴볼 것이며, 그 후 그들이 어떻게 연결되었는지를 보기 위해 함께 살펴볼 것이다.

1. 진리

"무엇이 진리인가? 빌라도가 농으로 물었다. 그리고 그는 대답을 기다리지 않았다." 프란시스 베이컨이 유명한 수필에서 한 말이다. 나는 빌라도가 농담을 하고 있었다고 확신하지는 않는다. 그는 심각한 처지에 있었기 때문이다. "무엇이 진리인가?"라는 질문은 철학자들과 빵이나 서커스, 텔레비전 오락으로 만족하지 못하는 사람들 사이에서는 통상적인 질문이었고 지금도 그러하다.

주님은 세상이 진리를 알지 못한다는 것을 분명히 하셨다.

이 세상은 분명 많은 양의 사실을 알고 있다. 지식은 급속도로 발전하여 우리가 따라가지 못할 정도이다. 전문가들에 의하면 기술 정보는 십 년마다 두 배가 되고 있다고 한다. 이 세상에는 오늘날 십만 종 이상의 기술 관련 잡지가 있다. 전 세계에서 약 70만의 새로운 제목의 논문이 매년 발행되고 있다. 우리는 지식의 폭주 속에 살고 있다.

그러나 지식과 지혜는 서로 다른 것이다. 분자를 분리할 수 있는 과학자라고 해서 가족을 가정에 함께 있게 할 수 있는 것은 아니다. 미생물을 강의하는 교수도 그의 십대 자녀는 이해하지 못할 수 있다. 수백만 달러를 다루는 은행가가 자신의 가치를 잃고 있으며, 청중을 열광시키던 인기 가수는 너무 많은 약을 복용함으로써 자신의 생명을 꺼버렸다. 헨리 데이빗 쏘로우가 옳았다. 우리는 발전이 없는 목적을 위하여 수단만을 발전시키고 있는 것이다.

세상은 진리를 가지고 있지 않기 때문에 지혜를 가지고 있지 않다. 진리는 성부를 아는 것으로부터 말미암는다. 결국 이 세상을 만드신 분은 하나님이시다. 그러므로 이 세상을 이해하려면 창조주와 가까워져야 한다. 인간은 하나님의 형상대로 지음을 받았고 자신의 기원인 성부를 알지 못하는 한 자신을 진정으로 알 수 없다. 하나님의 손자국은 그가 창조하신 세계에서, 하나님의 발자취는 인간 역사에서 볼 수 있지만 우리가 하나님을 알 때까지 창조 세계와 역사는 여전히 수수께끼로 남아 있을 뿐이다.

슬픈 사실은 세상이 하나님을 알려고 하지 않는다는 것이다. 로마서 1:18-32에 기록된 대로이다. "하나님을 알되 하나님으로 영화롭게도 아니하며 감사치도 아니하고 오히려 그 생각이 허망하여지며 미련한 마음이 어두워졌나니 스스로 지혜 있다 하나 우준하게 되어…"(롬 1:21-22). 인류 역사에 대한 성경의 기록은 진화가 아니라 퇴화이다. 인간은 정상에서 출발했으나 죄의 나락으로 추락했다.

그를 둘러싸고 있는 창조 세계와 그의 내면에 있는 양심을 통하여 인간은 하나님의 존재와 능력, 그리고 그의 지혜에 관한 모든 증거를 가지고 있다. 바울은 아덴에 있는 희랍 철학자들에게 이를 증언하였다. "이는 만민에게 생명과 호흡과 만물을 친히 주시는 자이심이라. 인류의 모든 족속을 한 혈통으로 만드사 온 땅에 거하게 하시고 저희의 년대를 정하시며 거주의 경계를 한하셨으니 이는 사람으로 하나님을 혹 더듬어 찾아 발견케 하려 하심이로되 그는 우리 각 사람에게서 멀리 떠나 계시지 아니하도다. 우리가 그를 힘입어 살며 기동하며 있느니라"(행 17:25-28). 이 말은 거의 모든 것을 담고 있다.

그는 창조의 하나님이시며, 역사의 하나님이시고(그는 연대를 정하신다), 지리의 하나님이시며(그는 거주의 경계를 한하신다), 우리 개인의 삶의 하나님이시다. 바울은 철학자들도 볼 수 있을 만큼 그 증거가 명백하다고 생각하였던 것 같다.

그렇다면 왜 세상은 그것을 보지 못하는가?

세상이 영적으로 장님이 된 원인 중 하나는 교만이다. 하나님께서는 이것들을 지혜로운 자에게는 감추시고 어린아이들에게는 드러내시었다. 정말로 지혜로운 사람은 자신이 모르고 있다는 것을 안다. 그는 또한 지식에 이르는 데는 한 가지 길만 있는 것이 아니며, 물질 세계와 마찬가지로 실제로 존재하는 영적인 세계는 현미경이나 컴퓨터로 접근할 수 있는 것이 아니라는 점을 인정한다. "여호와를 경외하는 것이 지식의 근본이어늘…"(잠 1:7). 슬픈 일은 "저희 눈앞에 하나님을 두려워함이"(롬 3:18) 없다는 것이다.

세상을 진리에 눈멀게 하는 또 다른 요인은 고의적인 죄이다. 예수님은 다음과 같이 말씀하셨다. "그 정죄는 이것이니 곧 빛이 세상에 왔으되 사람들이 자기 행위가 악하므로 빛보다 어두움을 더 사랑한 것이니라. 악을 행하는 자마다 빛을 미워하여 빛으로 오지 아니하나니 이는 그 행위가 드러날까 함이요…"(요 3:19-20). 복음주의자 빌리 선데이는 죄인이 하나님을 발견할 수 없는 것은 범죄자가 경찰을 발견하지 못하는 것과 같은 이유에서라고 말하였다. 즉 그들은 찾지 않고 있는 것이다! "사람이 하나님의 뜻을 행하려 하면 이 교훈이 하나님께로서 왔는지 내가 스스로 말함인지 알리라"(요 7:17). 순종은 영적인 지식의 한 기관이다.

영적인 무지의 세 번째 원인은 눈멀게 하는 사탄의 공작이다. "만일 우리 복음이 가리웠으면 망하는 자들에게 가리운 것이라. 그 중에 이 세상 신이 믿지 아니하는 자들의 마음을 혼미케 하여 그리스도의 영광의 복음의 광채가 비취지 못하게 함이니 그리스도는 하나님의 형상이니라"(고후 4:3-4). 사탄의 가장 성공적인 눈가리개는 그리스도가 없는 종교이다. 사탄이 어떤 사람으로 하여금 자기 의와 종교적 도덕심을 키우게 할 수 있다면, 그 사람을 지옥의 문턱으로 인도할 수 있다. 주님 시대의 바리새인들이 고전적인 예이다. 바리새인이었던 바울은 천국에 가기 위해 그의 종교를 잃어야 했다.

이 세상의 영적 무지와 대비되는 것이 교회의 영적 지성이다. 성자는 성부를 알며, 또 성자를 믿는 사람들에게 성부를 알리셨다. "내 아버지께서 모든 것을 내게 주셨으니 아버지 외에는 아들을 아는 자가 없고 아들과 또 아들의 소원대로 계시를 받는 자 외에는 아버지를 아는 자가 없느니라"(마 11:27).

이 극적인 말씀은 성경에 기록된 가장 은혜로운 초청 중의 하나로 이어진다. "수고하고 무거운 짐 진 자들아 다 내게로 오라 내가 너희를 쉬게 하리라"(마 11:28). 여기에서 우리는 두 가지 분명한 사실을 알 수 있다. 성부를 모르는 사람들은 수고하고 무거운 짐을 지고 있으며, 성부를 알기 원하는 사람들은 (따라서 그들의 짐을 내려놓기 원하는 사람들은) 믿음으로 성자께 나옴으로써 짐으로부터 놓일 수 있다는 것이다. 이 초청은 모두를 위한 초청이다.

성부를 아는 것이 얼마나 중요한가를 우리 자신에게 상기시킬 필요가 있다. 어떤 사람이 성부를 모르면, 그 사람은 잃어버린 바 되고 영원한 정죄를 받게 된다. 영생이란 성자이신 예수 그리스도를 통하여 성부를 아는 것이다(요 17:3). 우리가 보았듯이 이것은 단지 지적인 지식이나 특정 교리에 동의하는 것을 뜻하지 않는다. 그것은 하나님의 생명이 우리 안에 계심을 개인적으로 경험하는 것이다. 예수 그리스도를 믿고 그에게 복종함으로써 우리는 하나님과의 살아 있는 연합에 참여하고 하나님의 생명을 나눈다. 이것과 별도로는 구원이 있을 수 없다.

하나님께서는 예수 그리스도 안에서 자신을 계시하셨고, 자신들의 부족함을 인정하고 스스로를 낮추는 사람들에게 자신을 나타내셨다. "나 여호와가 말하노라 나의 손이 이 모든 것을 지어서 다 이루었느니라 무릇 마음이 가난하고 심령에 통회하며 나의 말을 인하여 떠는 자 그 사람은 내가 권고하려니와…"(사 66:2). 바울은 가말리엘의 문하에 있을 때 많은 양의 신학을 배웠으나, 예수의 발아래 엎드려서 "주여 무엇을 하리이까"(행 22:10)라고 외쳤을 때 개인적으로 하나님을 만났다.

하나님의 백성들은 예수 그리스도가 하나님의 아들이신 것과 성부에 의해 보내심을 입었다는 것을 안다. 예수 그리스도라는 사람에 대해 잘못 알고 있으면, 구원을 포함하여 예수 그리스도와 관련한 다른 모든 것에 대해서도 잘못 아는 것이다. 우리는 위대한 스승이나 좋은 모범에 의해서 죄로부터 구원을 받은 것이 아니다. 우리는 우리를 위하여 십자가에서 죽으신 구속자에 의해 구원을 받는다. 또한 하나님의 백성은 성부의 이름을 안다. "내가 아버지의 이름을 저희에게 알게 하였고…"(요 17:26) 우리가 보았듯이 "아버지의 이름"은 "아버지의 본성," 즉 하나님이 어떤 분인가를 뜻한다. 우리가 하나님을 더 잘 알수록 그의 말씀, 그의 세계 그리고 우리 자신에 대해 더 잘 알게 된다. 우리는 그의 형상대로 만들어졌기 때문이다. 하나님이 없는 인생은 의미가 없는 인생이다.

그러나 하나님에 대한 이 친밀한 계시는 역사에 기록되고 칭송을 받기 위해 박제된 과거의 사건이 아니다. 예수 그리스도는 계속해서 우리에게 아버지를 계시하신다. 이 계시를 우리는 말씀에서 찾을 수 있고, 하나님의 성령이 우리의 스승이시다. "보혜사 곧 아버지께서 내 이름으로 보내실 성령 그가 너희에게 모든 것을 가르치시고 내가 너희에게 말한 모든 것을 생각나게 하시리라"(요 14:26).

성령께서 가르치시는 것은 물론 우리의 영적 상태에 의존한다. "내가 아직도 너희에게 이를 것이 많으나 지금은 너희가 감당치 못하리라"(요 16:12). 우리가 아는 것에 순종할 때, 하나님께서는 우리가 알아야 할 것을 가르치신다. 성경 지식은 늘되 하나님을 아는 지식은 성장하지 않을 수도 있다. 그것은 조리법을 분석하는 것과 그 음식을 먹는 것의 차이이며, 어떤 사람의 사진을 보는 것과 그 사람을 만나는 것의 차이이다.

하나님께서 자신을 자연과 성경과 예수 그리스도 안에서 계시하시는 것은 완성된 계시이지만, 항상 우리가 배워야 할 새로운 것이 있다. 우리는 진리를 탐구하는 것이 아니라 진리 안으로 들어간다. 우리는 새로운 계시를 구하지 않는다. 우리가 성령께 부탁하는 것은 하나님께서 이미 계시하신 것을 새롭게 조명해 주시는 것이다. "그러하나 진리의 성령이 오시면 그가 너희를 모든 진리 가운데로 인도하시리니…"(요 16:13). 그는 강요하지 않으시고 우리를 인도하신다. 하나님을 배우는 것은 기꺼이 배우고자 하는 의지를 필요로 한다. 성령은 우리를 인도하기 위해 기다리고 계신다.

필립스 브룩스가 인생의 목적은 진리를 통해 성품을 형성해 나가는 것이라고 말한 바 있다. 우리는 이 진리를 예수 그리스도 안에 가지고 있으며, 이 진리는 하나님의 말씀에 기록되어 있고, 성령께서 이 진리를 가르치신다. 세상은 이 진리에 대해 무지하지만, 신자들은 이 진리를 알고 그것을 매일의 생활에서 경험하는 특권을 부여받았다.

2. 사랑

우리 주님은 진리와 함께 사랑에도 관심을 갖고 계시다. "이는 나를 사랑하신 사랑이 저희 안에 있고 나도 저희 안에 있게 하려 함이니이다." 하나님께서는 진리와 사랑의 하나님이시기 때문에 진리와 사랑은 함께한다. 사탄은 거짓말쟁이이므로 살인자요 파괴자이다. 우리가 진리를 더 잘 사용하게 되면, 틀림없이 진리를 사랑으로 표현할 것이다. 지식에서 자라가는 것으로는 충분하지 않다. 우리는 또한 은혜에서 자라가야 한다(벧후 3:18).

예수는 성자를 향한 성부의 사랑이 우리 안에도 있을 수 있다는 놀라운 말씀을 하셨다. 성부는 성자를 사랑하셨듯이 우리를 사랑하신다(요 17:23). 그는 성자를 창세 전부터 사랑하셨다(요 17:24). 믿기 어려운 일이지만, 신자들은 성부께서 성자를 향하여 가지고 계신 영원한 사랑을 함께 받고 있는 것이 사실이다. "소망이 부끄럽게 아니함은 우리에게 주신 성령으로 말미암아 하나님의 사랑이 우리 마음에 부은 바 됨이니"(롬 5:5).

이 기도에서 강조하고 있는 것 중의 하나가 세상에 대한 신자의 승리임을 명심하라. 성부의 사랑을 경험하는 것은 세상을 이기도록 우리를 돕는다. "누구든지 세상을 사랑하면 아버지의 사랑이 그 속에 있지 아니하니…"(요일 2:15), "그런즉 누구든지 세상과 벗이 되고자 하는 자는 스스로 하나님과 원수 되게 하는 것이니라"(약 4:4).

예수는 여기서 훗날 사도 바울의 서신서에서 상세하게 설명된 놀라운 진리에 대한 암시를 주고 계시다. 그것은 내재하시는 그리스도의 신비이다. 우리는 "그리스도 안"에 있고 그리스도는 "우리 안"에 계시다. 그리고 이것은 또한 우리가

"성부 안"에 있음을 의미한다. 분명히 성령을 통한 황홀한 교제의 시간들이 있지만, 그리스도와의 영적 연합은 감정적 느낌이 아니라 하나의 사실이다. 남편과 아내가 더 깊고 더 달콤한 사랑으로, 친밀하고 실제적인 많은 방법으로 서로를 사랑하듯이, 신자들은 하나님의 사랑을 다양한 방식으로 경험하는 즐거움을 누린다.

우리로 하여금 세상을 이기고 하나님의 뜻을 완수할 수 있게 해주는 것은 바로 이러한 그리스도와의 살아 있는 연합, 사랑의 연합이다. 바울은 "오직 내 안에 그리스도께서 사신 것이라"(갈 2:20)고 선언하였다. "우리 가운데서 역사하시는 능력대로 우리의 온갖 구하는 것이나 생각하는 것에 더 넘치도록 능히 하실 이에게"(엡 3:20), "내게 능력 주시는 자 안에서 내가 모든 것을 할 수 있느니라"(빌 4:13). 그의 생명은 힘을 주고, 그의 사랑은 동기를 부여한다. 우리는 참포도나무의 가지이다. 우리는 축복을 꾸며내지 않는다. 우리는 열매를 맺기 때문이다(요 15:1-6).

이러한 사랑을 어떻게 개발할 것인가? 구주와의 교제를 통해서이다. 남편과 아내가 함께 말하고 듣고, 함께 시간을 보내고, 상대방을 즐겁게 해주려고 노력함으로써 사랑에서 자라가는 것처럼, 믿는 사람 역시 그리스도를 향한 사랑에서 자라간다− 솔로몬의 아가서에 기록된 신부의 경험들은 이 진리를 잘 보여 주고 있다. 내가 초신자였을 때는 사랑에 관한 찬송을 부를 때 다소 어색했었다. 그러나 지금은 그 내용을 이해하며 기쁨으로 그 찬송들을 부른다. 나는 찬송을 부르는 것 이상을 소망한다. 나는 구주와 나의 직접적인 친교에서 그것들을 경험하기를 또한 소망한다.

진리는 교리와 관계가 있고, 사랑은 동력(dynamic)과 관계가 있다. 사랑은 이 세상에서 선한 것을 위한 가장 큰 힘이다. "사랑하는 자들아 우리가 서로 사랑하자 사랑은 하나님께 속한 것이니 사랑하는 자마다 하나님께로 나서 하나님을 알고…"(요일 4:7). 만일 우리 크리스천들이 서로 사랑하는 법을 배우지 않으면 어떻게 잃어버린 영혼들을 사랑하고, 심지어는 원수를 사랑하는 법을 배울 수 있겠는가? 하나님은 세상을 너무나 사랑하셔서(지금도 사랑하신다) 독생자를 주셨다. 그리스도는 세상을 너무나 사랑하셔서(지금도 사랑하신다) 그의 생명을 십자가에서 주셨다. 우리는 우리 안에 계신 성령을 통하여 이 사랑을 나누고 있다. 우리가 "거듭났다"고 주장하면서 어떻게 하나님의 자녀들을 사랑하기를 거절할 수 있는가?

"우리가 형제를 사랑함으로 사망에서 옮겨 생명으로 들어간 줄을 알거니와 사랑치 아니하는 자는 사망에 거하느니라.

그 형제를 미워하는 자마다 살인하는 자니 살인하는 자마다 영생이 그 속에 거하지 아니하는 것을 너희가 아는 바라"(요일 3:14-15).

크리스천의 사랑은 혼란스러운 것이 아니고 분별할 줄 아는 사랑이다. "내가 기도하노라 너희 사랑을 지식과 모든 총명으로 점점 더 풍성하게 하사 너희로 지극히 선한 것을 분별하며 또 진실하여 허물 없이 그리스도의 날까지 이르고…"(빌 1:9-10). 나는 뇌종양으로 고통받고 있는 사람을 심방한 적이 있는데, 그는 매우 신랄한 비판으로 나를 공격하였다. "심각하게 받아들이지 마세요"라고 그 사람의 아내가 말했다. "뇌종양을 가지고 있는 사람들은 종종 사랑해야 할 사람을 미워하고 미워해야 할 사람을 사랑하는 수가 있답니다. 어쩔 수 없는 일이죠." 그러나 크리스천들에게는 어쩔 수 없는 일이 아니다. 성령은 우리에게 필요한 분별력을 주신다.

크리스천의 사랑은 실제적이다. 이 사랑은 자신을 말과 행동으로 표현한다. "하나님이 세상을 이처럼 사랑하사 독생자를 주셨으니…"(요 3:16). 어떤 사람이 "감상"을 "책임이 결여된 감정"으로 정의하였다. 필요를 충족시키기 위한 일은 전혀 하지 않으면서 감상적이 되거나 마음 아파하는 것은 쉬운 일이다. 크리스천의 사랑은 단지 감정의 문제가 아니다. 그것은 또한 의지의 문제이다. 크리스천의 사랑은 하나님께서 우리를 대하셨듯이 우리도 다른 사람을 대한다는 것을 의미한다. 하나님은 우리를 용서하셨다. 그러므로 우리도 남을 용서한다. 하나님께서 우리의 필요를 채워 주셨기 때문에 우리도 다른 사람들의 필요를 채워 주고자 노력한다. 하나님께서 우리의 말에 귀를 기울이시므로 우리도 남들의 말에 귀를 기울인다. 크리스천의 사랑은 태도와 행위를 통해 나타난다. 그렇지 않다면 우리가 사랑이라고 생각하는 것은 단지 얄팍한 감상에 지나지 않을 뿐이다.

3. 진리와 사랑

예수는 자신의 존재 안에서 그리고 자신의 가르침에서 진리와 사랑을 결합시키셨다. 그의 사랑은 진리 안에서 표현되었으며, 그는 사랑으로 진리를 말씀하셨다. 영적 성장을 위해 진리와 사랑이 함께 필요하다. "오직 사랑 안에서 참된 것을 하여 범사에 그에게까지 자랄지라 그는 머리니 곧 그리스도라"(엡 4:15).

엄청난 양의 진리는 소유했으되 사랑이 부족한 성도들을

찾아내는 것은 어렵지 않다. 그들의 신앙은 일차적으로 말로 표현된다. 그들은 "대단한 성경 학도들"이며, 성경의 각 권을 요약할 수 있고 연대를 매길 수 있다. 그러나 그들은 함께 잘 지내지 못하며, 그들이 알고 있는(혹은 그들이 알고 있다고 생각하는) 진리는 건설을 위한 도구가 아니다. 그것은 싸우기 위한 무기이다. 그들은 논쟁을 즐긴다.

진리는 사랑을 필요로 한다. 사랑이 없는 진리는 사람을 교만하게 만들기 때문이다. "지식은 교만하게 하며 사랑은 덕을 세우나니"(고전 8:1). 진리만 있으면 파괴적일 수 있다. 사랑은 진리로 하여금 우리를 세울 수 있게 한다. 진리가 사랑 안에서 나누어질 때 (그 진리가 가슴 아픈 것이라 할지라도) 진리는 결국 우리에게 도움이 된다. "친구의 통책은 충성에서 말미암은 것이나 원수의 자주 입맞춤은 거짓에서 난 것이니라"(잠 27:6). 아이들은 자기에게 입맞추는 사람은 친구이고 자기를 야단치는 사람은 적이라고 생각한다. 그러나 성숙한 사람은 그 이상을 알고 있다. 때때로 진리는 우리를 치료하기 이전에 아프게 해야 할 경우도 있다. 그러나 우리가 사랑 안에서 상처를 입었다면, 신속히 치유될 것이다.

이 사실은 말씀의 어떤 사역들이 분열과 파괴로 나타나는 이유를 이해하는 데 도움을 준다. 진리는 있으나 진리가 사랑 안에서 나누어지지 않기 때문이다. 혹은 사랑이 있으나 그 사랑이 진리에 기반하고 있지 않기 때문이다. 반드시 균형이 필요하다. 만일 사랑이 영적 분별을 결하면, 그것은 세우는 것이 아니라 갈라지게 만들 것이다. 만일 진리가 사랑을 결하면, 그것은 파괴적인 것이 된다. "사랑 안에서 진리를 말하는 것"이 항상 우리의 목적이 되어야 한다.

진리와 사랑은 신자들의 마음과 생각을 연합하는 데 도움을 준다. 생각은 받아들임으로써 성장하고 마음은 줌으로써 성장한다. 생각이 진리를 받아들이고, 마음이 사랑을 나눌 때 우리는 주님과 닮아가게 된다. 진리는 가지고 놀 장난감도, 들고 싸울 무기도 아니다(우리가 적과 싸우고 있는 것이 아니라면). 그것은 건설을 위한 연장이다. "사랑 안에서 진리를 말하는 것"만큼 크리스천의 삶을 세우고 균형 잡게 만들어 주는 것은 없다. "사랑 안에서 진리를 말하는 것"만큼 한 가정이나 교회를 정화하고 강하게 만드는 것도 없다. 진리와 사랑은 그리스도의 몸의 순환계이며, 이 몸이 자라고 하나님을 영화롭게 하도록 돕는다.

진리가 공격을 받으므로 헌신된 크리스천이 이에 맞서야 할 때가 있다. 그러나 이때에도 그는 사랑으로 자기의 일을 해야 한다. 이 점에서 그리스도는 우리의 모범이시다. "이를 위하여 너희가 부르심을 입었으니 그리스도도 너희를 위하여 고난을 받으사 너희에게 본을 끼쳐 그 자취를 따라오게 하려 하셨느니라. 저는 죄를 범치 아니하시고 그 입에 궤사도 없으시며 욕을 받으시되 대신 욕하지 아니하시고 고난을 받으시되 위협하지 아니하시고 오직 공의로 심판하시는 자에게 부탁하시며"(벧전 2:21-23). "내 사랑하는 형제들아 너희가 알거니와 사람마다 듣기는 속히 하고 말하기는 더디하며 성내기도 더디 하라. 사람의 성내는 것이 하나님의 의를 이루지 못함이니라"(약 1:19-20).

우리로 하여금 진리와 사랑의 균형을 잡을 수 있게 하는 것은 말씀을 통한 그리스도와의 직접적 친교이다. "나의 계명을 가지고 지키는 자라야 나를 사랑하는 자니 나를 사랑하는 자는 내 아버지께 사랑을 받을 것이요 나도 그를 사랑하여 그에게 나를 나타내리라. 사람이 나를 사랑하면 내 말을 지키리니 내 아버지께서 저를 사랑하실 것이요 우리가 저에게 와서 거처를 저와 함께하리라"(요 14:21, 23).

진리에 동력을 제공하는 것은 사랑이며, 사랑에게 분별과 훈련을 제공하는 것은 진리이다. 이 둘은 우리가 성부와 성자와 함께 하는 친밀한 교제의 아름다운 열매이며, 말씀 안에서 그가 우리에게 말씀하시는 것에 순종함으로써 얻는 아름다운 열매이다. "너희가 나를 사랑하면 나의 계명을 지키리라"(요 14:15).

우리가 그의 뜻에 순종함에 따라 하나님의 말씀은 끊임없이 우리의 삶에서 육화되어야만 한다. 단지 진리를 알거나 진리를 위해 논쟁하고 진리를 방어하는 것으로는 충분하지 않다. 우리는 진리대로 살아야 한다. 무디는 모든 성경은 신발 가죽으로 제본되어야 한다고 말하곤 했다. 이 말은 성도들이 "걸어다니는 성경"이라는 말이다. 성도들은 "살아 있는 성경"이며 말씀이 피와 살을 입은 것이다.

"너희는 우리로 말미암아 나타난 그리스도의 편지니 이는 먹으로 쓴 것이 아니요 오직 살아 계신 하나님의 영으로 한 것이며 또 돌비에 쓴 것이 아니요 오직 육의 심비에 한 것이라"(고후 3:3).

일부 크리스쳔들이 진리와 사랑을 상극의 것으로 만든 것은 슬픈 일이다. 그들은 이 둘을 연합시키는 대신 분리시켰다. 일부 크리스쳔들은 진리-혹은 그들 나름의 진리-에 너무 집착한 나머지 그들에게 동의하지 않는 사람들을 물리치기 위해 싸우고, 고소하고, 공격하고, 비방하는 등 살인을 제외한 모든 일을 하려고 한다. 다른 사람들은 사랑-혹은 그들 나름의 사랑-에 너무 신경을 쓴 나머지 진리를 희석시키고

타협하고 적들에게 팔아넘긴다. 이 모든 것들은 옳지 않다. 진리 자체도 강력한 무기이지만 사랑과 연합될 때 더욱 강력해진다. 사랑은 무적의 힘을 가지고 있지만, 진리와 연합될 때 더욱 위대해진다.

   균형을 갖춘 사람들은 복이 있나니, 그들은 우리 주 예수 그리스도와 같아질 것이기 때문이다.

우선순위 12

 하찮은 것들에 시간을 낭비하기에는 인생은 너무나 짧고 크리스천의 인생은 너무나 가슴 벅찬 것이다. 엘리엇(T. S. Eliot)은 그의 한 시에서 자기들의 인생을 "커피 스푼"으로 재는 일단의 냉소적인 사람들을 묘사하였다. 얼마나 어리석은 삶의 방식인가! 그러나 일부 크리스천 역시 이런 식으로 살고 있다.

 우리 각자는 언젠가는 하나님 앞에서 자신의 삶을 계수해야 할 것이다. 예수님은 그의 삶을 계수하실 때, 다음과 같이 말씀하셨다: "아버지께서 내게 하라고 주신 일을 내가 이루어 아버지를 이 세상에서 영화롭게 하였사오니…"(요 17:4). 나는 나와 당신도 이와 같은 보고를 하나님께 드릴 수 있을 것이라 믿는다.

우리의 삶을 계수할 만한 것으로 만들기 위해 해야 할 일들 중 하나는 가장 중요한 일의 순서, 즉 우선순위를 정하는 것이다. 세상을 이기고자 한다면 우리는 성공에 대한 세상의 기준을 버려야 한다. 우리는 우리의 삶을 하나님의 눈으로 재어야만 한다. 불필요한 것들과 하나님의 뜻을 행하는 것을 방해하는 것들을 가차없이 잘라버려야 한다. "이러므로 우리에게 구름같이 둘러싼 허다한 증인들이 있으니 모든 무거운 것과 얽매이기 쉬운 죄를 벗어버리고 인내로써 우리 앞에 당한 경주를 경주하며…"(히 12:1).

인정하고 싶지 않을지 모르지만 많은 크리스천들이-그리고 목회자들-세상적 기준에 따라 살아간다. 세상을 이기는 대신 그들은 세상에게 정복당해 왔다. 어떤 사람들은 세상의 이목을 끌 수 있다는 희망으로 세상을 모방해 왔다. 그러나 그들이 성공이라 여긴 것은 곧 실패이다. 그들은 크리스천의 삶을 크리스천다운 것으로 만드는 우선순위를 잊었다. 예수는 우리가 공부해 온 기도에서 이 우선 순위들을 우리에게 상기시키신다.

1. 하나님의 영광

이 기도는 하나님의 영광에 대한 관심으로 시작되고 있다. "아들을 영화롭게 하사 아들로 아버지를 영화롭게 하게 하옵소서." 기도가 끝날 무렵(24절)에 예수는 이 영광을 다시 언급하셨다. 기도의 처음과 끝에서 하나님의 영광을 언급하신 것이다. 우리가 보았듯이 "영광"이라는 단어는 이 기도에서 여러 방식으로 8번 사용되었다. 놀랄 일이 아니다. 우리 주님의 가장 큰 관심은 성부께서 영광을 받으시는 것이기 때문이다.

우리 주님의 성육신은 하나님의 영광의 일부를 사람들이 볼 수 있도록 도왔다. "말씀이 육신이 되어 우리 가운데 거하시매 우리가 그 영광을 보니 아버지의 독생자의 영광이요 은혜와 진리가 충만하더라"(요 1:14). 그의 기적들은 "그의 영광을 나타내었다"(요 2:11). "나는 사람에게 영광을 취하지 아니하노라"(요 5:41)고 그는 군중에게 말씀하셨다. 그는 오직 "유일하신 하나님께로부터 오는 영광"(요 5:44)에만 관심이 있으셨다. "내가 내게 영광을 돌리면 내 영광이 아무것도 아니어니와 내게 영광을 돌리시는 이는 내 아버지시니…"(요 8:54).

십자가의 고통조차도 하나님의 영광의 관점에서 내다보셨다. "인자의 영광을 얻을 때가 왔도다. 아버지여 아버지의 이름을 영광스럽게 하옵소서"(요 12:23, 28). 유다가 산헤드린과의 일을 마무리짓기 위해 다락방을 떠났을 때, 예수는 다음과 같이 말씀하셨다. "예수께서 가라사대 지금 인자가 영광을 얻었고 하나님도 인자를 인하여 영광을 얻으셨도다. 만일 하나님이 저로 인하여 영광을 얻으셨으면 하나님도 자기로 인하여 저에게 영광을 주시리니 곧 주시리라"(요 13:31-32). 거짓 친구가 그를 배반하고 있는 바로 그 순간에 하나님의 영광에 관해 말씀하고 계신 것이다! 그 교훈은 명백하다. 하나님께서 신자의 삶에서 허용하시는 모든 것이 하나님의 영광을 위하여 사용될 수 있다. 만약 우리가 우리 자신을 기쁘게 하기 위해 산다면, 우리는 끊임없는 무료함과 실망을 맛볼 것이다. 우리가 하나님을 영화롭게 하기 위해 산다면 세상을 정복할 것이다. 세상은 이렇게 외치고 있다. "너 자신을 구하라. 이것이 행복에 이르는 유일한 길이다." 그러나 예수님은 이렇게 말씀하신다. "자기 생명을 사랑하는 자는 잃어버릴 것이요 이 세상에서 자기 생명을 미워하는 자는 영생하도록 보존하리라"(요 12:25). 하나님의 영광을 위해 사는 것은 비용이 드는 일이다. 그러나 그렇게 살지 않는 삶은 더 큰 비용을 요구한다. 순교자 짐 엘리엇의 말이 마음에 떠오른다: "잃어서는 안 되는 것을 얻기 위해, 지킬 수 없는 것을 내어주는 것은 바보가 아니다."

"그런즉 너희가 먹든지 마시든지 무엇을 하든지 다 하나님의 영광을 위하여 하라"(고전 10:31).

2. 진리

우리는 거짓된 세상에 살고 있다. "온 세상은 악한 자 안에 처한 것"(요일 5:19)이기 때문이다. 사람들은 자신들이 볼 수 있다고 생각하지만 장님들이다. 그들은 가치를 가격으로 대체하였고, 질을 양으로, 연장을 장난감으로 대체하였다. 순간을 강조하는 문화-즉각적인 기쁨, 즉각적인 부, 즉각적인 성공-가 세상을 정복하였다. "우리가 하고 있는 일은 진리에 기반하고 있는가? 그것은 진짜인가? 그것은 사실인가?" 이러한 질문을 던지는 사람은 우리 주변에 거의 없다.

신자들은 "유일하신 참 하나님"(요 17:3)을 안다. 그리고 하나님을 앎으로써 자신과 자신을 둘러싸고 있는 세상을 더 잘 알 수 있다. 신자는 진실과 접촉하고 있고, 이 경험은 그의 가치 기준을 근본적으로 변화시켰다. 바울은 이러한 경험을 하였으며 그 결과를 빌립보서 3장에 기록하였다. "그러나 무엇이든지 내게 유익하던 것을 내가 그리스도를 위하여 다 해로 여길 뿐더러 또한 모든 것을 해로 여김은 내 주 그리스도 예수를 아는 지식이 가장 고상함을 인함이라 내가 그를 위하여 모든 것을 잃어버리고 배설물로 여김은…"(빌 3:7-8)

예수 그리스도는 "진리"(요 14:6)이고 우리는 그를 사랑해야 한다. 우리는 경배와 기도와 묵상과 순종으로 그리스도와의 개인적 관계를 일궈 나가야 한다. 이것이 그가 열망하는 종류의 친교이다. "이제부터는 너희를 종이라 하지 아니하리니 종은 주인의 하는 것을 알지 못함이라 너희를 친구라 하였노니 내가 내 아버지께 들은 것을 다 너희에게 알게 하였음이니라"(요 15:15).

하나님의 말씀은 진리이다(요 17:17). 그리고 우리는 그 말씀을 우리 안에 깊이 담아 둘 필요가 있다. "오직 여호와의 율법을 즐거워하여 그 율법을 주야로 묵상하는 자로다"(시 1:2). 말씀은 우리로 하여금 세상을 있는 그대로 보게 해주며, 적이 우리를 노리고 쳐놓은 덫을 피하게 해준다. 우리는 말씀의 빛으로 자신을 살피고 영적 치유가 필요한 부분을 발견한다. "저희를 진리로 거룩하게 하옵소서 아버지의 말씀은 진리니이다"(요 17:17)라고 예수님은 기도하셨다.

성령은 진리이다(요일 5:7). 그리고 우리는 그와 강한 관계를 유지해야 한다. 성령은 말씀을 통해서 그리고 내적 심판관인 양심을 통해 우리에게 말씀하신다. 때때로 성령은 다른 신자들을 통하여 우리에게 말씀하신다. 성경은 우리에게 다음과 같이 명령한다. "성령을 좇아 행하라"(갈 5:16). "성령의 인도하심을 받아라"(갈 5:18). "성령의 열매를 맺으라"(갈 5:22). 이 모든 것을 완수하기 위해 "성령의 충만을 받으라"(엡 5:18).

우리는 항상 사랑 안에서 진리를 말하기 위해 주의를 기울여야 한다(엡 4:15). 거짓이 등장할 때마다 거기에는 분열과 파괴가 있다. 사탄은 거짓의 우두머리이며 그의 거짓말은 사람을 노예로 만든다. 우리를 자유롭게 하는 것은 하나님의 진리이다(요 8:31-32). 세상은 진리를 미워하고, 진리를 미워하는 것만큼 크리스천들을 미워한다. "사람들이 나를 핍박하였은즉 너희도 핍박할 터이요 내 말을 지켰은즉 너희 말도 지킬 터이라"(요 15:20)고 예수님은 말씀하셨다. 차이를 가져오는 것이 "말"임에 주의하라.

나의 목회자 친구 중 하나는 그의 교회를 위해 다음과 같은 표어를 가지고 있다. "항상 말씀." 당신은 이 표어를 더 좋은 말로 바꿀 수 없다. "항상 말씀." 모든 주일학교 공부에서, 강단에서, 성가대원을 선발하면서, 당회나 제직회에서, 교회 외부의 선교 사업에서, 청년 사역에서, 그리고 가정에서 항상 말씀. 성도들의 영혼은 말씀의 양식을 달라고 외치고 있는데, 정작 그들이 종교적 즐거움만 섭취하고 있다는 것은 얼마나 큰 비극인가!

3. 확신

이 기도에서 우연히 만나게 되는 메시지가 있다면, 그것은 하나님의 백성은 예수 그리스도와의 관계에 있어서 안전하다는 것이다. 우리는 확신을 위하여 일하는 것이 아니고 확신에 기반하여 일한다. 우리가 하나님과의 관계에 대해서 확신하지 못한다면 어떻게 세상을 이길 수 있겠는가? 예수 그리스도께서 이미 이 세상을 이기셨으므로(요 16:33) 우리는 승리를 위하여 싸우는 것이 아니라 승리에 기반하여 싸운다.

확신의 교리가 죄에 대한 변명일 수는 없다. 그것은 죄를 짓지 않도록 하는 격려이다. 내가 결혼하였고 결혼을 증명할 서류를 가지고 있다는 사실이 나를 유혹하여 혼외 관계를 시도하도록 하는 것은 아니다. 나와 아내는 서로를 향한 사랑 안에서 안전하다. 하나님께서 내게 쏟아 부어 주신 값비싼 은혜를 깨달을 때, 나는 그에게 더 가까이 가기 원하고 더욱 그의 사랑을 나누기 원한다. 자칭 크리스천이라고 하는 일부 사람들이 "우리 하나님의 은혜를 도리어 색욕거리로 바꾸고"(유 1:4), "은혜를 더하게 하려고 죄에"(롬 6:1) 거하겠다고 해서 이 귀한 확신의 교리를 빼앗길 수는 없다.

우리가 성부에 의해서 성자에게 주어졌음을 아는 것은 우리로 하여금 기꺼운 순종에 이르게 하는 동기가 되어야만 한다. 우리는 성부께서 성자에게 주신 사랑의 선물인 것이다! 그가 이 땅에 계실 때 우리를 위하여 기도하신 것과 지금은 영광 가운데서 우리를 위하여 기도하고 계심을 아는 것은 죄에 대하여 싸우는 것과 하나님께 충성을 다하는 일에 격려가 되어야만 한다. 그가 그의 일을 이루셨으며 구원이 완수되었음을 아는 것은 세상 전쟁터에 있는 우리에게 힘이 되어야 한다. 하나님의 모든 성품과 그리스도께서 하신 모든 일, 그리고 그리스도께서 하고 계신 모든 일은 거룩한 삶으로 인도하는 구원의 확신을 우리 마음에 형성시킨다.

사람들을 그리스도께 인도하는 것만으로는 충분하지 않다.

또한 그들을 확신으로 인도해야 한다. 확신을 가지고 있어야만 하나님을 위하여 효과적으로 살 수 있고 세상을 이길 수 있기 때문이다. 바울은 골로새에 있는 그의 친구들이 "원만한 이해의 모든 부요에"(골 2:2) 이르기를 기도하였다. 사도 요한은 다음과 같이 썼다. "내가 하나님의 아들의 이름을 믿는 너희에게 이것을 쓴 것은 너희로 하여금 너희에게 영생이 있음을 알게 하려 함이라"(요일 5:13).

4. 순종

그리스도는 성부의 뜻에 순종하셨고, 이 땅에서 그에게 주어진 일을 완수하셨다. 제자들은 그들의 실패에도 불구하고 그리스도의 말씀을 받았고, 그것을 보존하였으며, 그것을 세상과 나누었다. 우리는 앞 세대 신자들이 하나님의 뜻에 순종하였기 때문에 오늘날 복음을 풍성히 접할 수 있게 되었다.

중국 내지 선교의 창시자인 허드슨 테일러는 한 중국인 구도자에게 다음과 같은 증언을 한 적이 있다. 그 중국인이 "이 메시지를 당신들은 얼마나 오랫동안 가지고 있었습니까?"라고 묻자 테일러는 "수백 년 동안입니다"라고 하였다. "그런

데 왜 좀 더 일찍 오지 않았습니까?"라고 그 중국인이 외치자, 테일러는 "내 아버님은 평생 진리를 찾아 헤매었습니다. 그리고 끝내 그것을 찾지 못하고 돌아가셨습니다"라고 했다.

우리는 저장해 놓기 위해 진리를 가지고 있는 것이 아니라 세상과 나누기 위해 진리를 가지고 있다. 우리는 종교적 엘리트가 되기 위해 구원의 확신을 가지고 있는 것이 아니라 확신이 없는 사람들에게 증언하기 위해 확신을 가지고 있는 것이다. 진리와 확신은 그 자체가 목적이 아니라 전 세계에 복음을 전하기 위한 수단이다. "아버지께서 나를 세상에 보내신 것같이 나도 저희를 세상에 보내었고…"(요 17:18).

예수는 성부로부터 받은 일을 완수하셨지만, 그의 교회는 구주로부터 받은 일을 아직 완수하지 못하였다. 우리는 우선순위를 제대로 정립하지 못하고 있다. 우리는 하나님으로부터 위임받은 일과는 거의 관련이 없거나 아예 관련이 없는 성대한 행사들을 위해 재정적, 인적 자원을 낭비하고 있다. 우리는 집이 불타고 있는데 가구를 재배치하고 있다. 우리는 죄인들을 복음화해야 하는데도 불구하고 성도들을 재미있게 하는 일을 하고 있다. 마크 트웨인의 표현을 빌리자면, 진리는 아직 신발을 신고 있는 중인데 거짓은 이미 뛰어다니고 있는 꼴이다.

진실로 우리는 멋진 건물을 짓고 그것을 장식하기 위해 희생하고 있다. 그러나 "순종이 제사보다 낫다"(삼상 15:22). 성전과 사무실을 짓는 것이 하나님의 뜻이 아니라는 말이 아니다. 하나님의 뜻이라 하더라도 나는 그것들이 순종을 대신할 수는 없음을 상기시키고자 한다. 하나님께서는 우리의 금과 은을 원하시는 것만큼, 아마 그 이상으로 우리의 아들과 딸을 그리고 우리 자신을 원하신다. 우리를 소유하시면 그는 우리의 모든 것을 소유하실 수 있기 때문이다.

5. 연합

"저희도 다 하나가 되어"는 이 기도에서 반복되고 있는 점이다(21-23절). 하나님의 백성들의 일치는 복음에 있어서 본질적인 부분이다. "저희도 다 하나가 되어 우리 안에 있게 하사 세상으로 아버지께서 나를 보내신 것을 믿게 하옵소서"(21절). 하나님의 백성들 간에 존재하는 비성경적인 분열과 분쟁은 우리가 깨닫는 것 이상으로 복음의 진보를 방해하고 있다. 복음의 진수는 "하나님이 이처럼 사랑하사"이다. 성도들이 서로에 대한 사랑을 결여하고 있다면 사랑의 복음을 나누는 것은 어려운 일이다. 복음은 하나님의 은혜에 관해 말한다. 그러나 세상이 크리스천들 사이에서 은혜를 볼 수 없다면, 그들이 어떻게 하나님의 은혜를 믿을 수 있겠는가? 주님이 기도하신 일치는 제도적이거나 기구적인 것이 아니다. 그것은 영적인 것이다. "우리가 하나가 된 것같이 저희도 하나가 되게 하려 함이니이다." 일치는 내적으로 성장하는 것이다. 반면 획일은 외적으로 강요되는 것이다. 일치는 살아 있는 것이다. 그것은 성장하고 확대된다. 획일은 생명이 없고 부서지기 쉬운 것이다. 아주 작은 충격에도 깨어질 수 있다. 일치는 다양성을 허용하지만, 획일은 동일성만을 요구한다. 일치는 사랑에 기반을 두고 사랑으로 자라나지만, 획일은 방어적이며 대부분 공포에 기반하고 있다.

다시 말하자면 그것은 우선순위의 문제이다. 우리는 그리스도의 몸에서 다양성을 허용할 수 없는가? 하나님께서 다른 형태의 교회들을 한 방법으로 혹은 다른 방법으로 축복하셨음을 역사가 증명하는데 우리는 꼭 모두 같은 형태의 교회조직을 가져야 하며, 우리의 경배를 같은 형태로만 표현해야 하고, 하나님의 일을 하기 위해 모두가 같은 방법을 이용해야 하는가? 교회의 어떤 일들은 다른 일보다 더 중요하지 않은가?

"모든 차별적인 이름을 사라지게 하자"고 청교도 목사인 토마스 부룩스가 말하였다. "불화와 분열은 기독교인다운 것이 아니다. 늑대가 양을 근심하게 만드는 것은 이상한 일이 아니다. 하지만 양들이 서로를 근심하게 만든다면 그것은 분명 이상하고 괴물 같은 일일 것이다."

하나님의 백성에게 영적 일치는 그냥 이루어지는 것이 아니다. 그것을 위해 노력해야 한다. 그러나 우리는 충분히 노력하고 있는가? 바울은 그것을 위해 노력할 것을 촉구한다. "평안의 매는 줄로 성령의 하나 되게 하신 것을 힘써 지키라"(엡 4:3). 우리는 항상 우리의 방식을 가져야 하는가? 성경에 대한 우리의 개인적 해석과 적용은 항상 옳은 것인가? 우리 자신의 공포와 좌절을 감추기 위해 복음 사역을 이용하고 있지는 않은가? "어떤 이들은 투기와 분쟁으로, 어떤 이들은 착한 뜻으로 그리스도를 전파하나니…순전치 못하게 다툼으로 그리스도를 전파하느니라"(빌 1:15, 17). 우리는 이런 식의 사역에 동의하지 않을 수 있다. 그러나 바울이 그랬듯이 그리스도가 전파되고 있음을 기뻐하자.

사랑과 진리가 결합될 때만 일치가 있을 수 있다. 사랑의 동기로 출발한 사역은 일치를 격려할 것이며, 개인적 이기심에서 출발한 사역은 분열만을 조장할 것이다. 인간의 본성은 인간을 높이는 것을 좋아한다. "나는 바울에게, 나는 아볼로에게, 나는 게바에게, 나는 그리스도에게 속한 자라 하는 것이니"(고전 1:12).

어떤 부인이 나에게 이런 말을 하였다. "저는 선생님의 팬입니다." 나는 조용히 "저는 팬 클럽을 가지고 있지 않습니다"라고 답했다. 만일 그녀가 "선생님의 사역으로 내 삶이 축복된 삶이 되었습니다"라고 했거나, "선생님 덕분에 내가 말씀을 더욱 사모하게 되었습니다"라고 말했다면 나는 정말 기뻤을 것이다. 목사의 임무는 사람들로 하여금 그리스도를 따르게 하는 것이지 목사 자신을 따르게 하는 것이 아니다.

영적인 일치를 높이고자 시도하는 것은 대단한 용기를 필요로 한다. 우선, 우리가 자유주의적인 교회 일치 운동에 동조하는 것이 아닌데도 우리에게는 "일치주의자"라는 낙인이 찍힐 수 있다. 혹은 우리와 의견이 다른 신자들에게서 좋은 면을 보려고 하기 때문에 "타협주의자"라고 불릴 수 있다. 이런 말들에 신경쓰지 말자. 우리 주님은 일치를 위하여 기도하셨다. 이것은 그의 삶과 사역에서 중요한 우선순위를 점하고 있었다. 이것은 우리의 삶에서도 중요한 우선 순위를 점해야만 한다.

이 주제를 마감하기 전에, 나는 영적인 일치는 세상이 볼 수 있는 것이라는 사실을 다시 한 번 지적하고자 한다. "믿는 사람이 다 함께 있어 모든 물건을 서로 통용하고…하나님을 찬미하며 또 온 백성에게 칭송을 받으니"(행 2:44, 47), "믿는 무리가 한 마음과 한 뜻이 되어 모든 물건을 서로 통용하고 제 재물을 조금이라도 제 것이라 하는 이가 하나도 없더라. 사도들이 큰 권능으로 주 예수의 부활을 증거하니 무리가 큰 은혜를 얻어"(행 4:32-33). 몸의 하나 됨은 바깥 사람들에게 증거가 된다. 이것은 크리스천들에게 효과적인 증거의 기회를 만들어 준다.

진정한 영적 일치는 결코 진리를 훼손해서 얻어지는 것이 아니다. 우리는 어거스틴의 충고를 다시 한 번 상기할 필요가 있다.

필수적인 것에 있어서는 일치
부수적인 것에 있어서는 자유
모든 면에서 양선

6. 거룩한 삶

"저희를 진리로 거룩하게 하옵소서 아버지의 말씀은 진리니이다"(17절).

성경공부는 그렇게 많이 하는데 거룩한 삶은 드물다는 것은 정말 이상한 일이다. 일부 교회들은 개인적 삶의 거룩보다는 눈에 보이는 성공을 더 중시하는 것처럼 보인다. 우리는 새 신자들의 수에 신경을 쓰지만, 그리스도께 헌신된 사람을 찾을 때에는 새신자의 수가 문제되는 것이 아니다. 거룩한 삶을 살고자 하는 성도는 괴팍한 사람, 교회를 다소 당황하게 하는 사람으로 치부되어 종종 고립되는 수가 있다. 이런 사람들은 종교적 행사나 세미나라고 해서 다 참석하지는 않으며, 조명을 받고자 경쟁하는 종교계의 유명 인사들을 만난다고 해서 감격해 하지 않는다. 오늘날 크리스천들은 거룩을 추구하지 않는다. 그들은 행복과 성공, 즉 세상의 잣대로 잰 행복과 성공을 찾는다.

거룩한 삶은 바울의 디모데전서 3장과 디도서 1장에 나와 있음에도 불구하고 목회자들에게 필요한 덕목에서 제외되고 있다. 교회의 임원들은 임원으로 선출되기 전에 자신들의 성결한 삶을 증명할 필요가 없으며, 선출된 후에도 충성됨을 증명할 필요가 없다. 강단이 비게 되면 기도회가 열리는 일은 드물고, 대신 저녁 모임에서 위원회를 구성하여 이 시대의 "위대한 설교가들"이 누구인가를 찾고 그들이 교회를 옮길 생각이 있는지를 조사한다. 대중성이 인격보다 더 중요하다. 이 사람은 금전적인 면에서 깨끗한가? 가정을 성경대로 꾸려 나가고 있는가? 꾸준히 헌신된 삶을 살고 있는가? 이러한 질문들은 별로 고려되지 않는다.

"깊이 있는 삶"을 주제로 한 강연회, "승리"를 주제로 한 책들이 유행처럼 번지고 있는데도 불구하고 우리는 많은 성도를 만들어 내고 있지 못하다. 죄와 거룩에 대해서 설교한 설교자는 다시 초청받기가 힘들다. 매주 성결을 강조하는 목사는 신도 수가 줄어드는 것을 보게 되고, 교회 분위기가 썰렁해지는 것을 느끼게 된다. 거룩을 주제로 한 책이 베스트셀러가 되는 경우는 매우 드물다. 결국, 오늘날 우리가 성공적인 크리스천 삶의 모범으로 삼고 있는 사람들은 성도가 아니라 연예인이다. 그들은 나이트클럽을 교회로 바꾸어 놓았다고 주장하지만, 결국은 교회를 나이트클럽으로 바꾸어 놓고 만다. 평신도들에게 사무엘 루더포드(Samuel Rutherford)나 로버트 머레이 맥체인(Robert Murray McCheyne), 브라더 로런스(Brother Lawrence), 혹은 토저(A. W. Tozer) 같은 사람을 아는지 물어보라.

아마도 그들은 멀뚱한 눈으로 바라보며 고개를 저을 것이다. 지금 이 세대는 실제적인 거룩에 대해 무지하다.

이 모든 우선순위들이 다 같이 필요하다. 거룩한 삶은 진리에 기반하고 진리는 우리에게 확신을 준다. 이것은 우리를 순종으로 인도하고 성도의 연합을 돕는다. 그리고 이는 이 세상에 대해 강한 증거가 된다. 이것은 마지막으로 하나님을 영화롭게 한다.

그러므로 우리는 개인적 삶의 거룩으로부터 출발하여야 한다. 한 사람의 성도만으로도 변화를 일으킬 수 있는가? 물론이다! 하나님은 위원회를 소집하지 않으신다. 그는 개인들을 불러서 세상을 이기고 그의 이름을 영화롭게 하도록 하신다. 그가 잃어버린 세상을 구원하고자 하셨을 때 아브라함을 부르셔서 히브리 나라를 세우셨다. 그가 이 나라를 노예 상태에서 해방시키기를 원하셨을 때 모세를 부르셨다. 그는 여호수아를 불러 이 나라를 그들의 유업으로 인도하게 하셨다. 그리고 죄가 그들을 다시 노예 상태에 빠지게 하였을 때, 이 백성을 구하기 위해 사무엘과 다윗을 부르셨다. 그는 이방인에게 복음을 전하도록 바울을 부르셨다. 그는 엘리사벳을 불러 세례 요한을 낳게 하셨으며 마리아를 불러 구세주를 낳게 하셨다. 그는 루디아를 불러 빌립보 교회를 위해 그녀의 가정을 열게 하셨으며, 브리스길라와 아굴라를 불러 아볼로와 바울의 친구가 되게 하셨다.

우리는 각각 어떤 우선순위를 가지고 있는가?

지금 자신은 문제를 일으키는 사람인가, 아니면 문제를 해결하는 사람인가?